少年科学家养成记

《知识就是力量》杂志社 ◎ 编著

海峡出版发行集团 | 福建科学技术出版社

图书在版编目（CIP）数据

少年科学家养成记 /《知识就是力量》杂志社编著 . — 福州：福建科学技术出版社，2024.5
 ISBN 978-7-5335-7237-2

Ⅰ.①少… Ⅱ.①知… Ⅲ.①科学家 – 生平事迹 – 中国 – 儿童读物 Ⅳ.①K826.1-49

中国国家版本馆CIP数据核字(2024)第057460号

出 版 人　郭　武
责任编辑　柴亚丽　李国渊
装帧设计　吴　可
责任校对　林峰光　王　钦

少年科学家养成记

编　　著	《知识就是力量》杂志社
出版发行	福建科学技术出版社
社　　址	福州市东水路76号（邮编350001）
网　　址	www.fjstp.com
经　　销	福建新华发行（集团）有限责任公司
印　　刷	福建省地质印刷厂
开　　本	700毫米×1000毫米　1/16
印　　张	11
字　　数	94千字
版　　次	2024年5月第1版
印　　次	2024年5月第1次印刷
书　　号	ISBN 978-7-5335-7237-2
定　　价	32.00元

书中如有印装质量问题，可直接向本社调换。
版权所有，翻印必究。

编委会

主　编

郭　晶

副主编

何郑燕

成　员

（排名不分先后）

编　辑：江　琴　高　琳　胡美岩　李　静

撰写人：蒋　珂　梁婉儿　李　涛　唐立梅　孙丹辉　王旭日
　　　　翟照辉　石　坚　张海澄　罗　明　于加省　李子臣
　　　　林开亮　张兴华　郑　雪　赵广明　沈　尤　王　富
　　　　朱孔驹　曾昭亮　李庆康　王灵芝　曹宜力　张如范
　　　　王晓茹　张　珑　贾敬好　彭　瑶　于　春　蒋洪恩
　　　　王文中　郑昭贤　许　钦　尉　佳　于常青

前 言

在中华民族实现伟大复兴的过程中，我们国家涌现出了一大批杰出的科学家，他们为人类的进步和发展贡献出中国智慧和力量。虽然年代不同，研究领域不同，但科学家为国家富强、民族振兴、人民幸福而忘我奋斗的感人事迹，凝聚成了科技工作者共有的宝贵精神品质——科学家精神，这是我们每个人都应该学习和传承的。

你长大后想当科学家吗？你知道有哪些科学家吗？你了解科学家吗？为了让你更好地了解科学家的世界，感受科学家的风采，我们推出了《少年科学家养成记》。书中讲述了不同领域的科学家的成长经历和工作日常，希望可以激发你对科学的热爱和探索欲望，培养科学精神和创新思维。值得一提的是，全书配图均采用 AI 制作的意向性插图，希望能丰富你的阅读体验，感受新质生产力带来的便捷。

在这本书中，投身科研事业的年轻人勇于创新，用行动传承科学家精神。你将了解到他们在科研过程中遇到的困难和挑战，以及他们是如何克服困难、坚持不懈地追求科学的真理的。

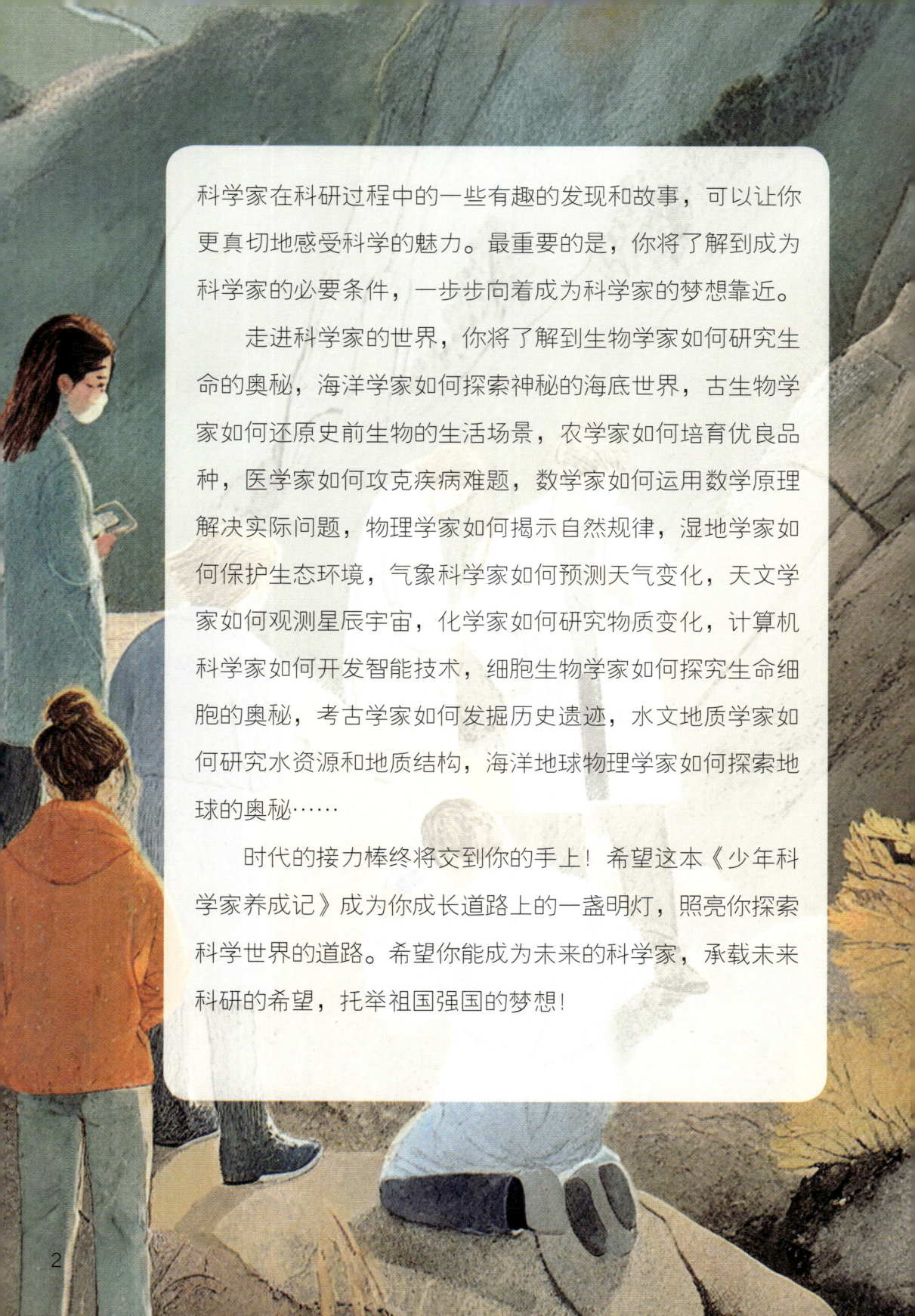

科学家在科研过程中的一些有趣的发现和故事，可以让你更真切地感受科学的魅力。最重要的是，你将了解到成为科学家的必要条件，一步步向着成为科学家的梦想靠近。

走进科学家的世界，你将了解到生物学家如何研究生命的奥秘，海洋学家如何探索神秘的海底世界，古生物学家如何还原史前生物的生活场景，农学家如何培育优良品种，医学家如何攻克疾病难题，数学家如何运用数学原理解决实际问题，物理学家如何揭示自然规律，湿地学家如何保护生态环境，气象科学家如何预测天气变化，天文学家如何观测星辰宇宙，化学家如何研究物质变化，计算机科学家如何开发智能技术，细胞生物学家如何探究生命细胞的奥秘，考古学家如何发掘历史遗迹，水文地质学家如何研究水资源和地质结构，海洋地球物理学家如何探索地球的奥秘……

时代的接力棒终将交到你的手上！希望这本《少年科学家养成记》成为你成长道路上的一盏明灯，照亮你探索科学世界的道路。希望你能成为未来的科学家，承载未来科研的希望，托举祖国强国的梦想！

目录

成为生物学家
- 少年生物学家养成记 ………………… 2
- 生物学家的科研日常之迁徙候鸟 ……… 6

成为海洋学家
- 少年海洋学家养成记 ………………… 12
- 海洋学家的科研日常之海底岩石 ……… 16

成为古生物学家
- 少年古生物学家养成记 ……………… 22
- 古生物学家的科研日常之解密化石 …… 26

成为农学家
- 少年农学家养成记 …………………… 32
- 农学家的科研日常之植物医生 ………… 36

成为医学家
- 少年医学家养成记 …………………… 42
- 医学家的科研日常之神经外科 ………… 46

成为数学家
- 少年数学家养成记 …………………… 52
- 数学家的科研日常之教授数学 ………… 57

成为物理学家
- 少年物理学家养成记 ………………… 62
- 物理学家的科研日常之人造太阳 ……… 67

成为湿地学家
- 少年湿地学家养成记 ………………… 72
- 湿地学家的科研日常之越冬水鸟 ……… 77

成为气象科学家
- 少年气象科学家养成记 …………… 82
- 气象科学家的科研日常之巅峰科考 … 86
- 气象科学家的科研日常之南极科考 … 91

成为天文学家
- 少年天文学家养成记 …………… 96
- 天文学家的科研日常 …………… 101

成为化学家
- 少年化学家养成记 …………… 106
- 化学家的科研日常之碳纳米管 ………… 110

成为计算机科学家
- 少年计算机科学家养成记 …………… 116
- 计算机科学家的科研日常之智慧城市 … 121

成为细胞生物学家
- 少年细胞生物学家养成记 …………… 126
- 细胞生物学家的科研日常之目标蛋白 … 131

成为考古学家
- 少年考古学家养成记 …………… 138
- 考古学家的科研日常之植物考古 ………… 142

成为水文地质学家
- 少年水文地质学家养成记 …………… 148
- 水文学家的科研日常 …………… 153

成为海洋地球物理学家
- 少年海洋地球物理学家养成记 ………… 158
- 地球物理学家的科研日常 …………… 162

成为生物学家

生物学家是专注于研究生命现象和生命过程的科学家,他们通过实验、观察、理论分析等多种手段探索生命的起源、进化、结构、发育、功能、行为以及与环境的相互关系。生物学是一个广泛的领域,包含了众多细分学科,因此生物学家可以根据其专业领域进一步细分为动物学家、植物学家、微生物学家、生态学家、生理学家、遗传学家等。

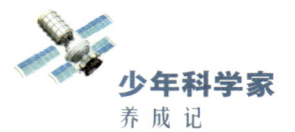

少年生物学家养成记

蒋珂（中国科学院成都生物研究所）

在这个世界上，有一些人天生就对生物学充满了热情和兴趣，而有些人则需要在学习和探索中逐渐培养这种热情。如何成为生物学家呢？我们来看看中国科学院成都生物研究所的蒋珂是如何一步步向着生物学家的梦想靠近的吧！

与两栖爬行动物结缘

我从小就喜欢两栖爬行动物，幼年时总爱养些小蛇、小龟和青蛙等，也爱看一些与动物相关的图书和杂志。2002年7月，我有幸参加了一次为期3天的科普活动，由著名的两栖爬行动物学家赵尔宓院士（1930—2016年）和吴贯夫先生（1935—2022年）带领24名青少年到峨眉山寻找两栖爬行动物。

那时，赵先生已过古稀之年，依然和我们一起跋山涉水，非常有亲和力。在野外找到蛙类和蛇类时，赵先生深入浅出地向队员们讲解这些动物的形态特征、生活习性，严谨而不乏幽默。

通过这次活动，我领略到科学大家的风范，也认识到两栖爬行动物学是一门学科，由此萌生出学习这门学科并从事相关研究的想法。如今，我遵从幼年时的梦想，如愿从事两栖爬行动物相关研究工作。

让好学与兴趣结伴

科普活动结束后，我一直和赵先生保持联系，写信或打电话向他请教问题。现在看来，当时我所提的很多问题很幼稚，但赵先生都会认真回答。有一次他还就我提出的问题发来一段英文答复，让我自己试着翻译。吴贯夫先生平时会教我两栖爬行动物学的基础知识，并且在暑假时，带我到野外考察，教会我如何采集、制备和鉴定标本。赵先生和吴先生对我以及其他年轻人的关爱，是一种科学家精神的体现，愿意给予后辈尽可能多的帮助。对于热爱科学的青少年来说，不妨把握一些机会，多向科学家请教。

实践出真知

高中毕业的暑假，赵先生允许我跟随两位研究者去宁夏六盘山采集六盘山蝮标本，那是我第一次亲身参与科研工作。上大学后，我也逐渐开始参与部分实验和科研。赵先生在讲述他早年的野外考察故事时，曾说过西藏墨脱考察是他一生中最难忘的经历之一，讲到他在墨脱被蚂蟥攻击，在西

工湖边看到成群的横纹树蛙从树上跃入湖中……我不禁对墨脱产生极大兴趣，2010年参加工作后的第一次野外考察就是去墨脱，也去了西工湖边寻找横纹树蛙。2010至2018年，我的野外重点研究区域也都是墨脱。

2016年12月24日，赵先生因病在成都逝世，但他的学术成果依然在惠及我们，他的科学精神依然在引导我们前行，我也会永远怀念他。

成为生物学家的必要条件

在成为两栖爬行动物学研究人员之前，首先要学好相关专业的基础课程，例如动物学、生态学、遗传学、进化生物学等，此外可以试着阅读一些文献，培养自主学习和独立思考的能力。在研究过程中，更是要不断阅读最新文献，才能跟上研究领域的快速发展。另外，积极与同行交流，也是学习新知识的一个重要途径。

我一直相信，兴趣是最大的动力。在两栖爬行动物学研究过程中，可能会涉及大量的、枯燥的室内工作，以及艰辛甚至具有危险性的野外工作，还可能会遇到很多意想不到的难题，对动物和大自然的热爱，往往能成为自己克服困难的强大动力，能让自己勇于应对各种挑战，同时也能让自己保持好奇心，保持不断学习的状态。

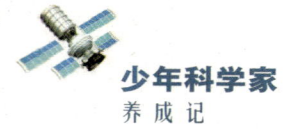

生物学家的科研日常之迁徙候鸟

梁婉儿（北京林业大学东亚－澳大利西亚候鸟迁徙研究中心）

生态学是生物学的一个分支，研究生物及环境间的相互关系。北京林业大学东亚－澳大利西亚候鸟迁徙研究中心的梁婉儿及所在团队就从事相关研究工作，为中国滨海湿地和珍稀濒危物种的保护贡献自己的力量。他们的日常工作是什么样的呢？又有哪些趣事呢？

挖泥拔草拣粪便也是科研的一部分

每年水鸟迁徙所经过的路线被称为"迁飞区"。全球有9大候鸟迁飞区，中国有4条，东亚－澳大利西亚迁飞区是其中一条。每年有分属210多个类群、超过5000万只水鸟在这条迁飞区上进行迁徙。我们的工作就是以这条迁飞区的迁徙候鸟及栖息地为研究对象进行科学及技术研究。

我们的工作有着与众不同的苦与乐,有时出海,有时上高原;有时挖泥(采集底栖样品),有时拔草(采集植物样品);有时烘烤蛤蜊(测量生物量),有时拣粪便(研究动物食性);有时早出晚归(做调查),有时没日没夜"宅"在实验室和办公室里做实验、搞分析、写论文。

数数也能数到"欲哭无泪"?

当然,我们的日常工作少不了各种各样的鸟类调查。例如:为了解鸻(héng)鹬(yù)类鸟类的迁徙动态,我们会在沿海开展调查。

这可不是一项轻松的工作。在鸟类迁徙高峰期,我们需要在成千上万只长相雷同的鸻鹬类鸟类中辨认出每一只鸟所属的物种,并记录每一个物种的数量。为了完成这项艰巨的任务,我们建立了明确的分工制度——每人负责几个物种。除此之外,我们还有可靠的设备"伙伴"——倍数较高的单筒望远镜以及专业计数器。

但即使是这样,一次高峰期的调查往往也要持续一个小时乃至几个小时。有的时候,一个物种刚数到一半,鸟群会躁动,腾空而起后再次落下。这种时候我们欲哭无泪,只好把手头的计数器清零,重新开始计数。

在鸻鹬类鸟类调查中,团队中经验丰富的成员有一项特

殊的任务：在鸟群中找到一种比麻雀还小的濒危鸻鹬类鸟类——勺嘴鹬。中国沿海地区是这个物种重要的迁徙中停地，为了更好地保护它们，我们在沿海持续进行着勺嘴鹬的监测工作。

冬练三九夏练三伏

为了解这些鸻鹬类鸟类的食物，我们还要调查生活在海滩、海水和泥巴里的底栖动物。这个过程和赶海有点类似，我们会将水和泥巴挖起来，挑出里面的动物。但是和赶海不一样的是，我们会使用特殊的采样器，并且用筛子仔细地筛过水和泥沙，个头再小的动物也不放过。

在夏季开展底栖动物调查的时候，为了躲避正午的炎炎烈日，我们会在清晨天蒙蒙亮的时候出发。但即使这样，在下陷的淤泥中辛苦跋涉几千米也免不了出一身汗。当地赶海的渔民在了解我们的工作后，都感叹我们的工作强度。我们的科研成果为东亚－澳大利西亚迁飞区上的水鸟保护提供了重要的数据支持与科学依据，对全球生物多样性保护网络体系的作用深远。

时至今日，全球生物多样性仍在逐年丧失，生态保护的路依旧漫长。但是，不管是作为生态保护前线的科学家、研究人员，还是作为热爱地球的普通人，我们都在以自己的方式，为实现"人与自然的和谐相处"尽一份力量！

知识链接
什么是底栖动物

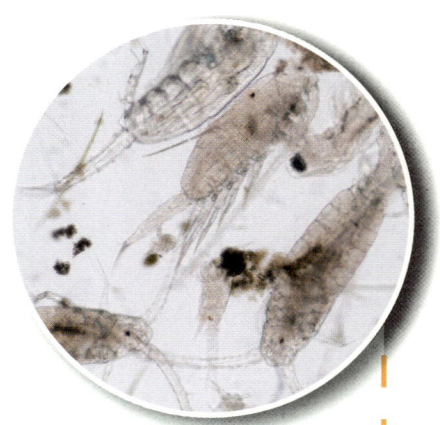

底栖动物是指全部或大部分时间生活于水体底部的水生动物群，它们是鸻鹬类鸟类的食物。这两个生物类群通过食物网联系到一起。底栖动物是迁徙中的鸻鹬类鸟类的重要能量补给。而鸻鹬类鸟类对底栖动物的取食又对底栖动物的群落结构产生影响。

成为海洋学家

　　海洋学家是专注于研究海洋的科学家,他们的工作涉及探索和分析海洋环境的各个方面,包括物理、化学、地质和生物学特性。海洋学家会监测和记录海洋的各种变化,还会研究海洋生物多样性及其生态系统。此外,海洋学家在解决海洋污染、资源管理、环境保护以及气候变化对海洋的影响等方面也发挥着至关重要的作用。

少年海洋学家养成记

李涛（中国海洋大学）

你是否对神秘的海洋充满了好奇？是否想要探索和发现海洋的奥秘？那么，成为一名少年海洋学家就是一个不错的选择。中国海洋大学的李涛带你了解海洋，告诉你海洋科学为什么被称为"有趣又神秘"的学科；告诉你如果想成为一名海洋学家，你需要做些什么。

与海洋结缘

科幻故事中出现最多的场景就是外太空和海洋，而那些发生在海洋深处的神秘故事，尤其会激起我们对于未知世界的好奇。好奇心是最好的导师，它引导着我们去探索、去挖掘、去发现未知的领域。

对于大学之前从未见过大海的我来说，海洋始终是一种神秘的存在。犹记得我第一次面朝大海时的情形，它深邃、宽广，时而平静、时而涌动，每一次海浪来袭，都觉得大海仿佛在向人类诉说着什么。后来，我终于有机会坐在大学教室里，聆听着大学教授们深入浅出地讲解海洋知识，海洋的面纱被缓缓掀开，我也才逐渐对海洋科学有了更加清晰的认识。

海洋科学，是一门覆盖领域非常广泛的学科，涉及水圈、生物圈、岩石圈、大气圈和冰冻圈各个圈层。如果再进行细分的话，以探究各种海洋现象的内在规律为目标的学科，包括物理海洋学、海洋生物学、海洋化学和海洋地质学等；与海洋开发和利用以及监测技术研发有关的学科，涵盖海洋工程、港口航道、材料科学、机械自动化和卫星遥感等。海洋技术为海洋科学的发展提供了现代化的手段，海洋科学为海洋技术的进步发挥着引领作用。

海洋科学学习指南

海洋科学在学科门类上属于地球科学，与地球本身的自然地理关系十分密切，例如世界主要海洋的位置和范围，南北半球海陆分布的差异以及山脉和冰川的分布等。因此，掌握扎实的世界地理知识是成为一位优秀的海洋学家的前提条件。

进入大学之后，根据所选的具体研究方向，更高阶的专业课学习是必不可少的。例如：物理海洋学专业，需要修

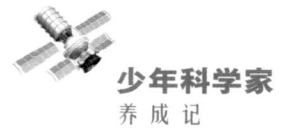

高等数学、大学物理、流体力学和大洋环流等；海洋生物学专业，需要修生物化学、动物生物学、现代分子生物学等；海洋化学专业，需要修化学原理、物理化学、海水分析化学等。这些专业课程的学习会为将来的科学研究提供进一步的知识储备和训练。

海洋调查——实践出真知

19世纪末，挪威探险家南森乘坐"弗莱姆号"帆船在北极冰原上随冰漂流。尽管环境恶劣，但南森带领他的勇士们一边与寒风暴雪作斗争，一边进行着多种海洋调查工作。经过数天的观察，南森发现一个奇怪的现象：北极海冰的漂流方向与海面风向存在一定的角度差，并且位于风向的右侧，而这种现象无法用当时主流的海洋学理论进行解释。后来，瑞典人艾克曼经过研究，于1905年提出了著名的"艾克曼输运"理论，从机制上解释了风向与表层流向不一致的内在规律，成为海洋科学发展史上的标志性事件。这一理论的发现过程也进一步诠释了海洋科学研究与海洋调查之间高度辩证统一的关系。

正所谓"没有调查就没有发言权"，海洋科学发展过程中的多项重大理论突破都和海洋调查密不可分。因此，海洋调查与实践课程也是海洋科学专业的必修课程。

海洋实践类课程主要包括出海实习和实验室试验两大类。出海实习的目的是熟悉海洋观测设备的使用、采集数据的方法和手段、数据处理的基本原则和质量控制；实验室试验包括基础海洋学理论的实验室模拟，生物、化学和地质样本的进一步分析和处理等。这些实践类课程将理论知识与具体的海洋学研究过程相结合，是海洋学家成长过程中的必经之路。

成为海洋学家的必要条件

要想成为一名优秀的海洋学家，首先在中小学阶段就要为各学科打下坚实的基础。根据自己的兴趣爱好和特长选择海洋科学专业后，要特别注重专业基础课的学习，并结合必要的实践类课程，同步开启基础性科研项目的参与工作，从各方面培养自己的科学思维习惯，掌握科学的研究方法，才能逐步成长为一名优秀的海洋学家。

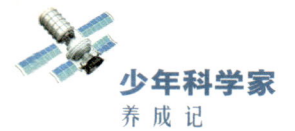

海洋学家的科研日常之海底岩石

唐立梅（自然资源部第二海洋研究所）

在蔚蓝色的海洋下，隐藏着连绵起伏的海底山脉和广阔的海盆，一代又一代海洋学家在其中持续探索。自然资源部第二海洋研究所的唐立梅也在从事海洋探索工作，让我们走进她的科研日常，去一探究竟吧！

向更深更远的海域进发

我们每年都会有一段时间在海上漂泊，去探寻大海的秘密。出海科考集中在深远海域，即太平洋、印度洋、大西洋以及南大洋，还包括南北极地区的调查。可以说，出海科考就是我和同事们的日常。每一个航次都涵盖不同学科方向的调查任务，需要不同专业的科考队员配合完成，我们既是工作上的伙伴，也是远航中的家人。

我们的工作和生活都充满了惊喜与挑战——深不见底的海水、一次次新奇与危机并存的深潜、藏身海底等待我们发现的矿产资源，都是对海洋学家的专业素质、心理素质的磨炼与考验。

我的研究对象主要是岩石，因此，我需要在每次调查任务中获取相应的海底岩石样品。当然，还有更为具体的工作划分，例如深潜任务。我在2013年7—9月参加的"蛟龙号"首次试验性应用航次中，就进行了第72次深潜任务，在西太平洋的采薇海山下潜到2774米，进行了海山斜坡上的地质和生物分布调查及取样。还有在船上进行的任务——对于采集到的样品进行整理、分类以及描述的工作。如果到南极大陆进行考察，还要进行地球物理组重力数据采集工作，并在南极采集岩石样品等。

与岩石为伴

大洋的洋底有洋中脊，也有海山，它们的成分大部分是岩浆岩。不像陆地上的岩石动辄几亿年、几十亿年，海底岩浆岩要年轻得多。洋中脊扩张喷出新的岩浆岩，又在俯冲带消减回到地幔，处于不断循环中。最古老的岩浆岩的年龄也不超过2亿年。

我的研究方向为海洋地质,所以需要对研究区域的样品开展区域地质学、岩石矿物学、岩石地球化学、深部地幔动力学、区域构造演化等方面的研究。就像是给岩石做体检一样,确定它的每个"指标",以判断岩石背后——地球的演化故事。

地球的演化有45.6亿年,每个阶段都有人研究、追踪,每个区域都有人探索。这些不同时间、不同区域的地球演化故事的研究,都是为了人类可以完整地讲述地球的演化历史。当然,了解得越多,遇到的问题也会越多,还有太多的谜题需要我们去揭开。

在进行科研工作的同时,我还会进行教学工作,指导学生是我工作、生活中十分愉快的部分,与年轻人交流,往往能碰撞出不一样的火花。

科学的传播与传承

工作之余,我还参与了很多科学传播活动和公益活动。科学传播并不是简单的传播科学知识,更多的是引导大家形成理性的思维方式、有独立思考的能力。

我认为,在信息爆炸、各种知识鱼龙混杂的背景下,更多质量优异的科普内容的传播,以及更多的理性声音的出现,是非常有必要的。科学是很好玩的,只有深度理解事物

的本质、看清事件的底层逻辑，才能最大程度地理解世界，形成理性客观的思维方式，获得平和的心态。所以我在各个平台、各所学校以及各类活动中，都积极进行科学传播工作。

在乡村振兴的大背景下，我还去了云南、贵州、四川等地的大山深处，给山区小朋友带去一场场科学报告，帮助他们了解大山以外的世界，激发他们对于科学的向往，在他们心中种下科学的种子。科学家才是我们要追的星，不能只是说说，要真正让所有人看到，科学家的生活是很美好的，青少年才会真正向往。

海底的世界很精彩，背后的科学研究工作也引人入胜。如果你对海洋有兴趣，对科研工作很好奇，那就怀着这份兴趣与好奇，继续学习吧！

成为古生物学家

古生物学家是研究生物起源、进化和历史的科学家。他们研究化石记录、分子生物学和其他证据,以理解地球上生命的起源、演化和分布。古生物学家还研究生物多样性和生态系统,以便帮助我们更好地理解生命的复杂性和地球的生态历史。

少年古生物学家养成记

孙丹辉（中国科学院古脊椎动物与古人类研究所）

古生物学是地质学的一个分支学科，是生命科学和地球科学的交叉科学，古生物学研究的领域宽广而深邃。如果想成为一名古生物学家，需要做哪些准备，储备哪些知识和技能呢？一起来听听古生物学研究者中国科学院古脊椎动物与古人类研究所的孙丹辉是怎么说的吧！

穿越时空的解密者

说起古生物学，你应该不会感到陌生。我记得小学四年级语文课本中有一篇题为《飞向蓝天的恐龙》的课文，是中国古生物学家徐星撰写的科普文章。

通过阅读课文，大家是不是对恐龙如何飞向蓝天演化成鸟类感到好奇呢？那么问题来了，人类是从哪儿来的？生命从无到有又经历了怎样的演化过程呢？

古生物学家的研究就是在寻找这些问题的答案，透过时间的遗迹，穿越时空，去探寻生命的起源，揭示生命的演化历程。

与古生物学结缘

小时候就对古生物学充满好奇的我，进入大学之后开始真正接触古生物学。

大学一年级时，我有幸成为西北大学博物馆的首批讲解员，负责地球馆的双语讲解。地球馆有两个与古生物相关的展览——寒武纪大爆发时期古生物化石、古脊椎动物化石。针对讲解过程中遇到的问题，我查阅了大量资料，并向老师请教，慢慢地便对古生物学有了深入的了解。

博物馆的讲解工作，对我影响很大，也让我与古生物结缘，对古生物学产生了浓厚的兴趣。我开始很认真、很用心地去选修古生物学相关的专业课，而且每次只要有古生物学报告就立马跑过去听。其中，一场关于马科动物演化的学术报告对我影响很深。记得我当时坐在第一排的位置，认真听着中国科学院古脊椎动物与古人类研究所邓涛研究员的讲解，再次真切地感受到了古脊椎动物的魅力。

对于青少年而言，不论是古生物学，还是其他自己感兴趣的科学内容，都要多听多看多思考，善于通过各种渠道吸收知识、拓宽视野。

科研路上翻山越岭

大学期间，每到暑期，我都会参加野外地质实习。从河北省秦皇岛市到安徽省巢湖市，再到陕北，跑构造、测剖面、采岩样、挖化石……在野外，我实现了与古生物的零距离接触。

大学毕业后，我被保送到中国科学院古脊椎动物与古人类研究所继续学习，正式踏上了古生物学的研究之路。在这里，我参加了大量的野外工作，克服了西藏的高原反应，顶住了新疆的炎炎烈日，走过了甘肃的泥泞蜿蜒。我们翻过一座座大山，跨过一个个盆地，即使一次次地摔倒，也丝毫没有停下自己的脚步。

在科研的路上，我们在办公室与文献为伴，在标本馆与化石标本为伴，在野外与泥土为伴，我们付出了艰辛，也收获了快乐。因为热爱，所以坚持！因为初心，所以继续向前！

成为古生物学家的必要条件

对古生物学感兴趣的你可能要问，如何才能成为一名古生物学家？需要具备哪些条件呢？

首先，要具备一定的古生物学专业基本知识，学习一些相关的专业课程，例如古生物学、地史学、地质学、系统发育学、动物骨骼学等。

其次，要具备一定的野外考察能力。古生物学家一年中有一部分时间需要开展野外工作，因此强壮的体魄显得格外重要。要多进行户外活动，接触大自然，这样既能锻炼身体，也可以为未来的工作打下坚实的基础。

此外，也要强调一下英文读写能力。从事古生物学研究，要经常阅读国外专业文献，要有较强的英文阅读能力；同时为了向世界展示中国的研究成果，要在国际期刊发表论文，因此，英文写作能力非常重要。

随着时代的发展，研究古生物的方法与手段也在发生着变化，因此需要保持学习与思考的状态。

希望你能从现在开始学好各门基础课程，一点一点地攀上科学高峰，去探索世界深处的秘密！

少年科学家养成记

古生物学家的科研日常之解密化石

王旭日（中国地质科学院地质研究所）

在一个静谧的实验室里，古生物学家埋首于文献和化石之间，探究远古生命的奥秘。他们或许会花费数周或数月的时间在岩石样本中寻找微小的化石痕迹，或许会利用现代技术来重建远古生物的形态和行为。一起跟着中国地质科学院地质研究所的王旭日来了解古生物学家的科研日常吧！

踏遍每个角落只为寻找化石

俗话说"巧妇难为无米之炊"，古生物学家也是如此，化石就是古生物学家手里的"米"。为了寻找化石，从冰天雪地的南极、荒无人烟的戈壁，到空气稀薄的高原，古生物学家几乎踏遍了地球的每个角落。

在野外寻找化石虽然艰辛，古生物学家却也乐在其中。

我第一次野外工作是在吉林省长春市的郊区寻找恐龙化

石。为了便于开展工作，我们驻扎在当地的一所小学校里，把教室的课桌拼成单人床。

第二天，带队老师根据前期的调研，选好了挖掘区域，先用推土机把地表的黄土剥掉，露出1亿多年前的岩石，然后划分出不同网格，分配给每位队员进行作业。

刚开始挖掘时，队员们满怀期待，恨不得每一镐头都能挖出化石。但是接连十几天，我们始终一无所获。就在队员们失去斗志、心灰意冷的时候，带队老师告诉我们，从已经挖掘的地层来看，这里曾经是水体比较深的湖泊，恐龙化石不容易被保存下来。这时我们才明白，原来寻找化石不能蛮干，需要具备扎实的专业基础，通过现在的地质现象推断古时的环境，才有可能准确快速地找到化石。

化石修复：慢工出细活

科学研究是一件非常艰苦的事，除了要在野外采样，还得能沉下心来，在实验室里做实验。

野外发现的化石往往都是与岩石紧密结合在一起的，需要带回实验室进行清理修复，去掉围岩，才能让化石露出"真容"。

修复化石不仅需要专业知识，能预判化石的形态，还需要耐心。如果心急，就容易把化石跟围岩同时清除，破坏化石的完整性。特别重要或者个体庞大的化石甚至需要几年才能完成修复。

"将今论古"来分类

化石修复工作结束后,我们首先要根据化石的形态判断其属于哪个大类。这就需要有一定的古生物学基础,了解不同门类古生物的鉴定特征。因此,熟练掌握书本上的知识,是必不可少的。

接下来,我们要对化石进行详细的研究,鉴别化石的具体部位和形态特征,然后确定它的属种分类。如果是新的物种还需要给它取一个独一无二的学名。

由于经历了漫长而复杂的地质过程,以及形成环境的不同,大多数化石仅能保存部分零散的骨骼,或者仅保留了某些局部片段。通常我们需要对比之前发现的同类型的完整个体或者现生动物的骨骼特征,才能加以分类。最早提出鸟类起源于恐龙的英国古生物学家托马斯·亨利·赫胥黎,就是在吃火鸡时发现火鸡和恐龙的骨骼有许多相似之处。这也是古生物学研究中常用的"将今论古",即根据现代生物推断古生物的相关信息。

通过对古生物的研究,我们不仅可以发现地球上曾经出现过哪些物种,探索生命的起源和演化历程,还可以确定化石所在岩层的地质年代,复原当时的生态面貌和气候环境,甚至可以帮助其他研究人员寻找宝贵的油气资源。

随着研究技术的逐步提高和不同学科的广泛融合,古生物研究的领域也在不断拓展,越来越多的未解之谜等待我们去探索研究。如果你也想成为一名古生物学家,开启你的化石研究之旅,就从现在开始努力吧!

知识链接
恐龙和鸟类骨骼结构对比

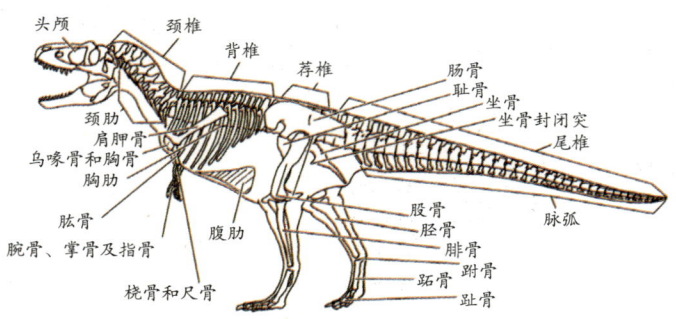

恐龙骨骼结构

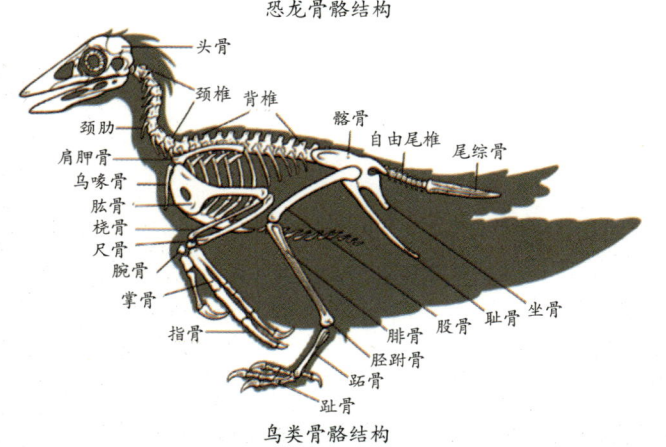

鸟类骨骼结构

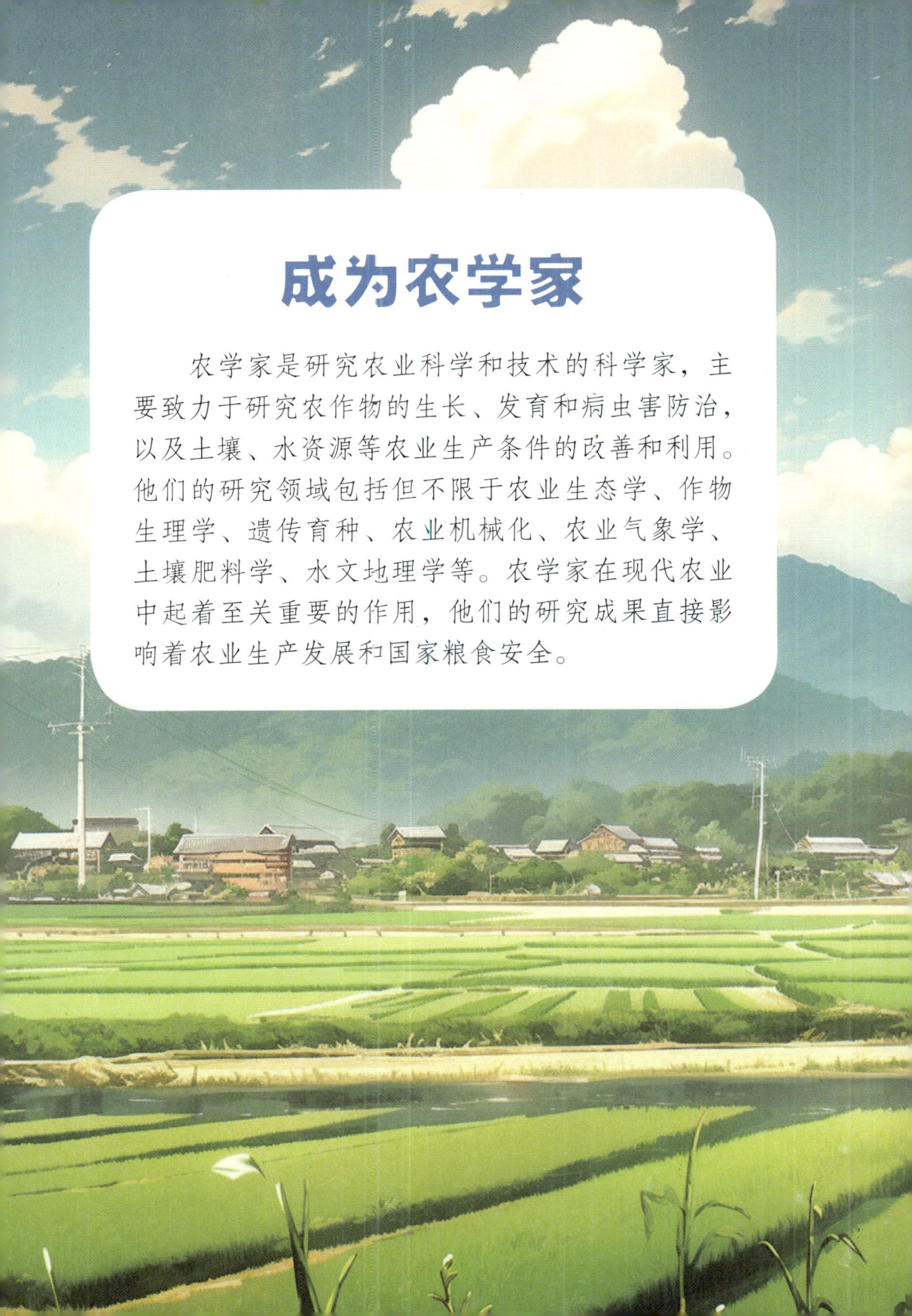

成为农学家

　　农学家是研究农业科学和技术的科学家,主要致力于研究农作物的生长、发育和病虫害防治,以及土壤、水资源等农业生产条件的改善和利用。他们的研究领域包括但不限于农业生态学、作物生理学、遗传育种、农业机械化、农业气象学、土壤肥料学、水文地理学等。农学家在现代农业中起着至关重要的作用,他们的研究成果直接影响着农业生产发展和国家粮食安全。

少年农学家养成记

翟照辉(江苏省昆山市淀山湖镇农村工作局)

提到农学,不少人会想到农民伯伯在田地里辛勤劳作的场景。其实,广义上的农学包罗万象。而且,伴随着科技的发展,传统农业已走向现代化,不再是面朝黄土背朝天的老路子,而是用生物技术和信息技术进行"武装",其学习与实践领域也得以丰富发展。一起来看看江苏省昆山市淀山湖镇农村工作局的翟照辉是如何成长为农学家的吧!

兴趣源于大自然

儿时,每逢暑期,我都会去乡下爷爷家小住。从在果园里摘草莓,到去小河边数蝌蚪,再到钻进树林中捉蝉和蚂蚱……田间游玩不仅让我对各种植物的生长有了初步了解,也让我的疑问越来越多:蝉猴为什么不约而同地在雨后破土而出?玉米棒里的小肉虫怎么会有这么大的力气钻进去?怎样才能减少菜青虫对菜园果蔬的破坏?

这些疑问激起我对大自然的好奇，也促使我在学习生活中对生物学有所侧重。

课内课外融会贯通

大学期间，我选择了农学领域的植物保护专业。

植物保护专业不仅要求对各类农作物的生育期、种植栽培有一定深度的了解，还注重对大田农作物的病害、虫害、草害的识别与测报，并给出针对性的综合防治方案。要学好植物保护专业知识，不仅需要对植物学、遗传学、病理学、昆虫学等相关学科有一个全方位的掌握，还需要充足的课外实践，将理论知识与实际相关联，做到融会贯通，灵活运用。学校专业课老师通常会在假期带领我们到乡野田间捕捉各类昆虫、采集各种植物制作标本，到农村菜地和果园根据瓜果蔬菜、粮食作物的受害症状，鉴定识别为害的致病菌、害虫、杂草等。

大学毕业后，我选择了中国农业大学农业昆虫与害虫防治专业继续从事植物保护方面的研究。相比于本科阶段对"是什么"的学习，这一阶段的学习更专注于"为什么"，即从分子水平研究生物大分子结构与功能对昆虫行为上的调控，以阐明为害现象的机制机理。

成为农学家的必要条件

对农学感兴趣的你，现阶段可以做些什么呢？

首先，坚守初心，保持热爱。兴趣是最好的老师，保持对大自然的好奇，对生物学奥妙的求知探索欲是应对职业发展道路上困难与挑战的动力与保障。

其次，广泛阅读，厚积薄发。学习农学需要在学好校内生物课程的基础上，拓展学习一些气象知识（例如中国二十四节气）、农谚农诗及国内外的农学文献资料，培养自学能力，拓展思考维度。同时，对学习中产生的疑问一定不要忽略，因为这往往是实现自我提升的"堵点"，要尝试独立解决或与他人合作解决。

此外，重视实践，知行合一。实践出真知，可以在家里种养一些植物，观察植物的变化、跟踪植物的生长、记录植物生长过程中出现的各类问题并尝试解决。同时，有条件的话可以在假期去田间地头参加一些农事活动，这对深入了解农学、体察农民辛劳、培养爱民情怀均大有裨益。

现在，我得偿所愿，用自身所学指导本地农业生产，为助力农民增收，确保百姓"米袋子"装得满、"菜篮子"拎得稳、"果盘子"端得牢贡献了自己的一份力量。农业是立国之本，其兴衰关系到国家的命运。如果你想成为一名农学家，现在就一起努力吧！

农学家的科研日常之植物医生

石坚（中国农业大学植物保护学院）

你知道"植物医生"吗？你听说过睫毛也能当切割刀吗？中国农业大学植物保护学院的石坚带你了解农学家的科研日常，看看他们如何克服困难、迎接挑战，如何通过不断创新和进步，推动农业科技的发展，让农民的生活更加美好。

养害虫也是科研的一部分

作为农学的一大分支学科，植物保护专业的研究人员被称为"植物医生"，主要从事作物病害与虫害的防治研究。

开展实验室工作前，研究人员需要到田间采集野生型昆虫，这是课题组的"秋游"活动。我们课题组的项目之一是亚洲玉米螟（míng，中国玉米等作物的重要害虫）的防治。每年玉米收割后，我们便去试验田砍下带有蛀孔的玉米茎秆运回实验室，再用刀劈开茎秆便可找到"租住"其中的众多毛毛虫，其后利用大家鉴虫的"火眼金睛"，精准选出玉米螟幼虫。

实验室有模拟昆虫野外生存环境的培养箱，采集到的昆虫就饲养在其中，并通过它们不断扩繁来满足日常研究的需要。每天早上到实验室，我们会先查看虫子的生长状态，及时给虫子补充食物、清理虫粪、调节培养箱的温度与湿度。

养虫的过程类似于养成类游戏，例如，鳞翅目的幼虫，也就是大家所说的毛毛虫，在羽化为成虫之前会经历化蛹阶段，这时需要我们手动将蛹转移到成虫笼中；鳞翅目的成虫，也就是蛾子，在硫酸纸上产卵后，也需要手动将卵纸转移到幼虫盒中，以此完成昆虫生长的一个周期。一般来说，有投入便有产出，但偶尔也会遇到嘲笑——"怎么连害虫都养不活？"

睫毛能当切割刀？

解剖昆虫是一项必备技能。由于不同种的昆虫体型差异较大，解剖昆虫所需的工具也是五花八门：有些可以裸眼用手术剪进行解剖，有些则需要借助体视显微镜用镊子和维纳斯剪解剖，更有一些精细的组织需要科研人员贡献自己的睫毛制成切割刀来进行解剖和查看。

通过解剖得到的昆虫组织，不仅可以作为鉴别不同物种

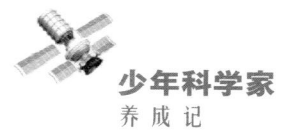

的依据，还可以用来探究不同组织的生理功能。当然，解剖昆虫并非易事，眼准手稳是最基本的"功夫"。可以说，克服"老眼昏花"和"帕金森"得到的每一个昆虫组织，都将为植保的科研"长城"添砖加瓦。

实验室里还会用到许多分子实验手段，来明确害虫的生理活动调控机制，为田间应用打下基础。

一般我们会通过观测来发现昆虫的某一特殊生理现象（即表型），经过组学等手段找到控制这一表型的基因，之后利用基因编辑手段改变该基因的表达水平，观测相对应的表型是否发生改变，以进一步确定基因和表型的对应关系。在明确了一个基因的功能后，我们还会探究不同基因的相互调控关系，以此来描摹清楚昆虫的基因调控网络。

那基础研究是如何与防治应用对接的呢？当确定了某一基因可以调控某一表型，例如A基因可以促进昆虫的取食，我们便将这种基因敲低，随之而来的改变是昆虫取食量减少，害虫对作物为害降低。

基础夯实田间论证

基础研究的最终目标是田间应用，因此大田实验是植保人必不可少的研究环节。

基础研究夯实后，课题组成员会带着玉米螟的卵赴位于河北省的涿州实验站，将初孵幼虫接在玉米叶上，喷洒含有纳米载体的靶向防治试剂，对实验室的研究结果进行论证。

　　有时我们需要自己动手种植作物,这也会有许多挑战。例如,会因栽种的小麦苗过于瘦弱而被评价"还不如韭菜壮"。而专门研究水稻的研究员,即使穿着防水裤和雨鞋也免不了被水蛭叮咬。在烈日下,大家全副武装,戴着草帽、穿着防晒服在田间工作,会瞬间明晰"汗滴禾下土"的含义。

　　"民为国基,谷为民命",农学家踔厉奋发的研究目标是将实验室里的理论数据应用于田间,在保障环境友好、食品安全的前提下,控制田间病虫草害的发生,以使粮食高产、稳产和优产。这不仅是农学家的职责,也是农学家一直不变的追求!

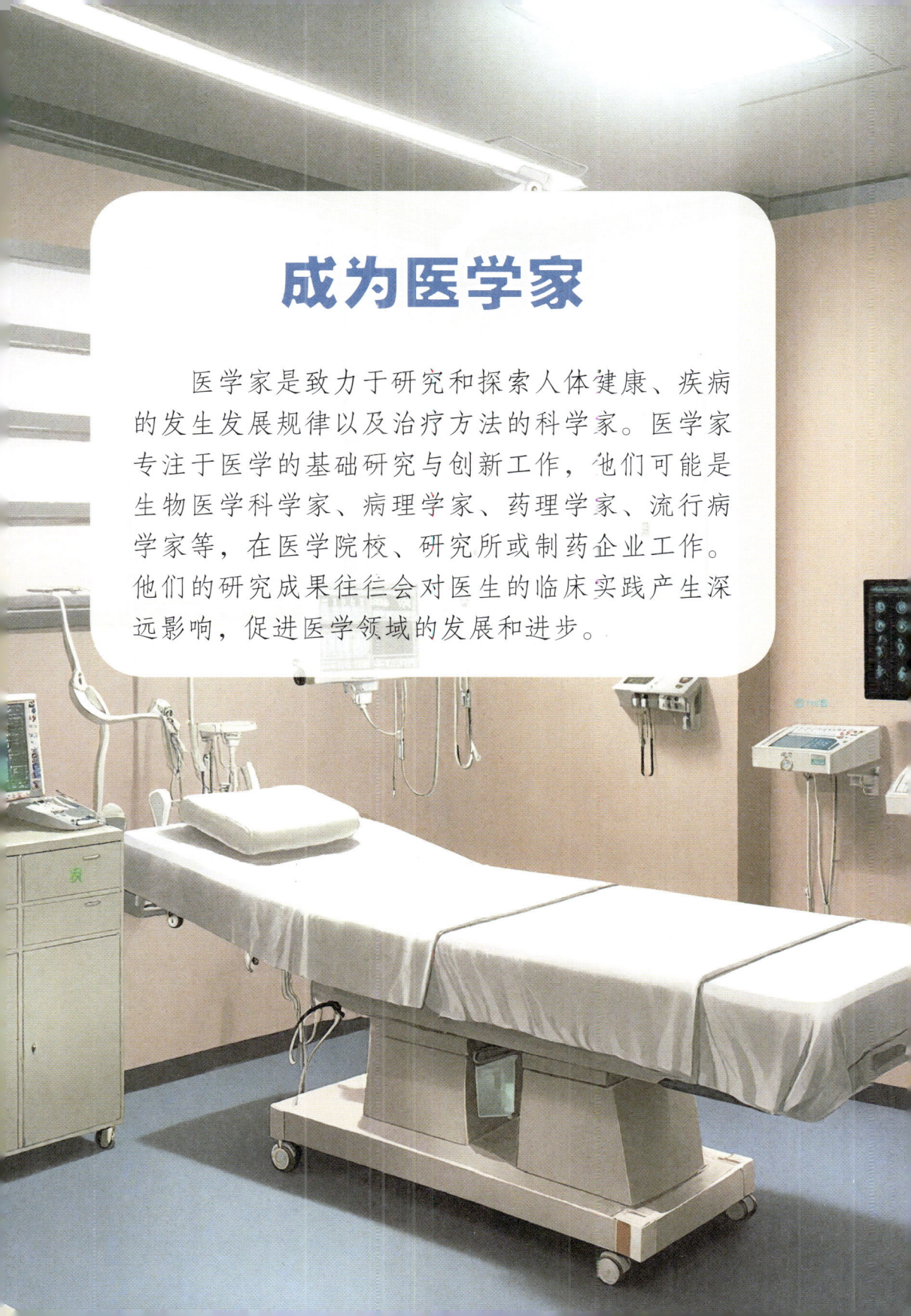

成为医学家

　　医学家是致力于研究和探索人体健康、疾病的发生发展规律以及治疗方法的科学家。医学家专注于医学的基础研究与创新工作，他们可能是生物医学科学家、病理学家、药理学家、流行病学家等，在医学院校、研究所或制药企业工作。他们的研究成果往往会对医生的临床实践产生深远影响，促进医学领域的发展和进步。

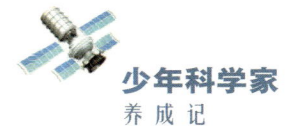

少年医学家养成记

张海澄（北京大学人民医院）

医学是一门知识密集型的学科，需要不断地学习和掌握各种知识和技能。医学家面对的是各种复杂的疾病和危重病患，需要有勇气和担当去面对、解决各种困难和挑战。一起来看看北京大学人民医院的张海澄是如何成长为医学家的吧！

儿时梦想终成真

在我很小的时候，有一次因为肚子疼，妈妈请来了村里的医生。医生用手摸了摸我的肚子，告诉妈妈，是我肚子里的蛔虫在"闹事儿"，并给了我两片白色小药片。

药吃下去，我很快就不疼了，此后再也没有犯过肚子疼的毛病。我跟妈妈说，医生真厉害！妈妈说，医生是白衣天使，专门为病人解除病痛、救死扶伤。我说，长大了我也要做医生！

从此，我开始有意识地阅读与疾病或医学相关的书籍。

高考填报志愿时，我坚定地选择了医学院和临床医学专业，并最终被北京医学院（现北京大学医学部）临床医学专业录取。接到录取通知书的那一刻，我难掩激动的心情，儿时的梦想真的要实现了！

大爱无疆有传承

北京医学院解剖教研室的陈列室里伫立着两具白色的骨架。老师曾带领我们深鞠躬，对这两具骨架的主人报以深深的敬意和哀悼。

这两具骨架的主人分别是北京医学院的两位老院长胡传揆先生（1901—1986年）和马旭先生（1914—2011年）。

胡传揆先生是中国现代皮肤性病科学的奠基人之一。逝世后，家属和学校依照他生前的嘱托，将其骨架制成标本，陈列在校内供教学使用，将其积蓄捐给学校作为皮肤科研专项奖励基金。

马旭先生是中国著名的医学教育家，他的学生遍布世界各地，可谓桃李满天下。

他们不仅把毕生的精力献给了医学事业，去世后更是把遗骨也捐献给了解剖学系统，让身为后辈的我们能从他们身上学习专业知识。我深切地感受到，从他们身上学习到的不仅是知识，更是为医学事业英勇无畏的献身精神。

一切为了患者

另一件让我印象深刻的事,是有一年农历除夕夜时我参与的一次抢救。一位刚接受完手术的血液病患者突发紧急情况,病情急转直下。当时,年逾七旬的中国工程院院士、血液病专家陆道培听了电话汇报后,迅速赶到医院。经过一夜的奋力抢救,患者终于转危为安。完成抢救工作的陆道培院士顾不上休息,到病房与患者、医生和护士互致新春祝福,直到中午才悄然离去。

如今,我已从医 30 余年,这样的场景和例子不胜枚举。正是老一代医学家无私奉献的精神给了我成长的力量,让我懂得医学是神圣的,一切为了患者!

现在,我的女儿也循着我的脚步踏入了医学这片净土。她高中毕业后顺利考入了湘雅医学院临床医学专业,正在为了成为一名合格的医生而努力着。

成为医学家的必要条件

老师曾跟我们说,作为一名医生,必须培养严谨、认真的工作作风,因为一旦出了问题会给患者带来巨大的痛苦,那是无法弥补的。因此,要想成为一名合格的医生,一定要认真学习好理论知识,每一个细节都不能放过;要熟练掌握

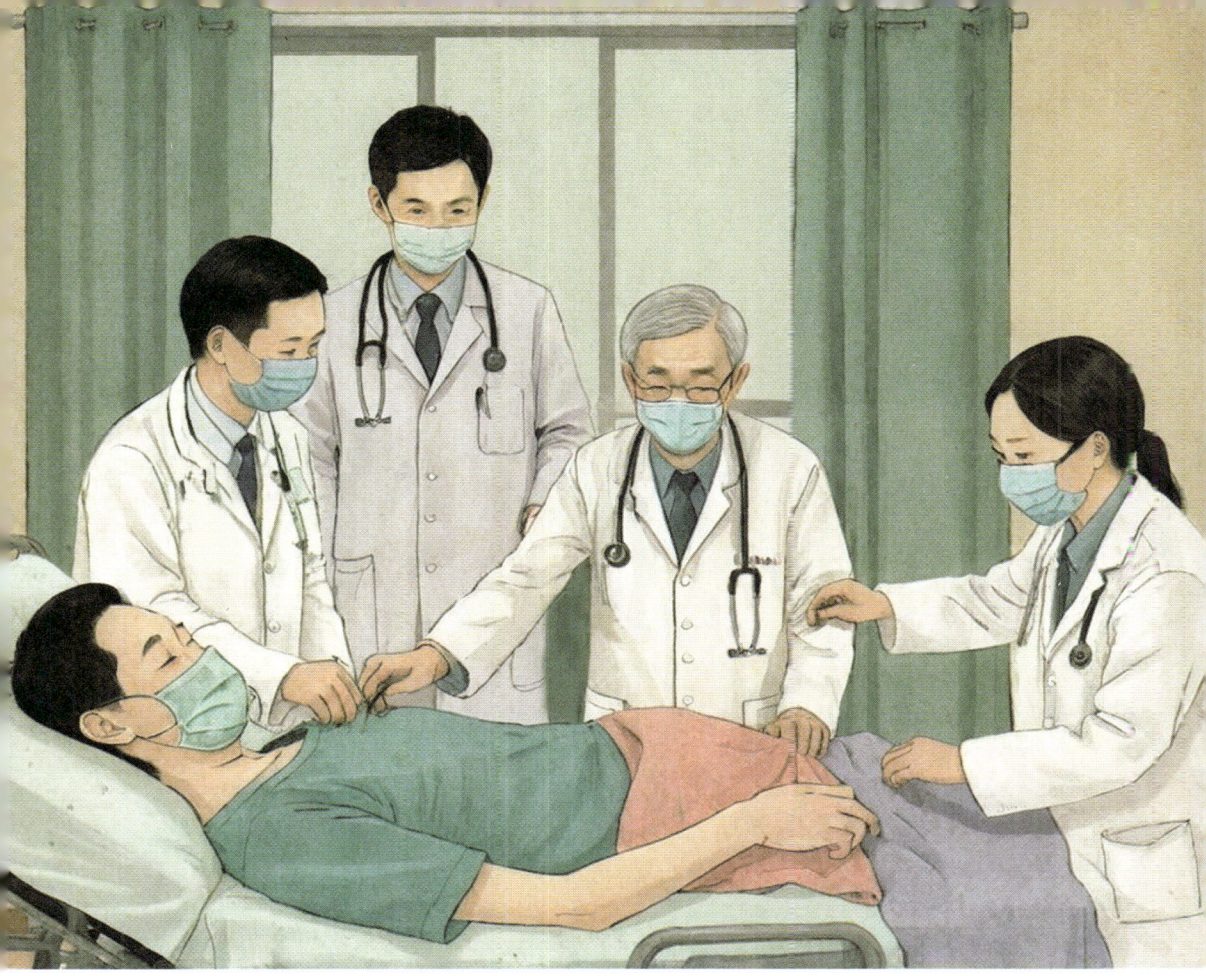

动手操作的技能，不仅要胆大，更要心细 此外，要有良好的心理素质，遇到任何紧急情况，都要保持冷静。

医生的每一次试验、每一个数据，都要反复推敲，提前做好策划，备好应急预案和紧急替代方案，不打无准备之战。直接接触患者后，更是容不得一丁点儿马虎。因此，想要成为医生，从小就要养成认真治学、一丝不苟的好习惯。

成长为一名合格医生的道路是漫长且艰辛的，唯有从细节做起，铭记医生救死扶伤的职业使命，不忘大爱有传承，才能担负起白衣天使的职责！

医学家的科研日常
之 神经外科

罗明（武汉市第一医院）
于加省（华中科技大学同济医学院附属同济医院）

医学家工作非常繁忙，常遇到急危重症患者需要救助。让我们以从事脑血管疾病治疗的神经外科医生为例，走进武汉市第一医院罗明和华中科技大学同济医学院附属同济医院于加省的日常。

毫厘之间定生死

脑动脉瘤是大脑内部的动脉血管异常膨出后形成的动脉瘤，随时都有发生破裂的危险，因此被称为脑血管上的"炸弹"。从事脑血管疾病治疗的神经外科医生，则被称为脑部"拆弹专家"。

针对这种危险的"炸弹"，神经外科医生要如何"拆弹"呢？原来，医生是用微创的神经介入手术，将微小的导管与导丝缓慢送入患者的血管内，利用精确的操作，向动脉瘤内填入细如发丝的弹簧圈，将动脉瘤封堵起来，使血液不再冲击动脉瘤壁从而阻止这些动脉"炸弹"爆炸出血，挽救患者的生命。

手术中，医生需要穿着厚重的铅衣，在 X 射线影像监视下，操控细长的导管、导丝进入患者的血管内，在直径只有几毫米的血管腔内前进、转弯，最后进入动脉瘤内进行填塞。

动脉瘤壁非常薄，整个填塞过程就仿佛是高空走钢丝，稍有不慎，就可能顶破瘤壁造成灾难性出血。而且很多时候，动脉瘤的形态并不规则，周边的血管走向也很复杂，为了顺利栓塞动脉瘤，同时保护周边的血管不受影响，神经外科医生除了运用弹簧圈进行栓塞，还需要用到支架、球囊、导管等辅助器械，才能顺利完成"拆弹"。

大器晚成道阻且长

医生是一个神圣的职业，影视剧里的外科医生常白衣加身、帅气威严，挥舞手术刀，抽丝剥茧、祛病除魔，宛如天使一般。然而，现实中的医生绝不像表面看到的那样光鲜，这是一个高风险的职业，与时间赛跑、与死神比拼，工作中丝毫不能马虎，手术中不能有半点差池。

医生是一个大器晚成的职业，十余年寒窗苦读、十余年专科培训，才能成为一名合格的医生，而作为专业技能要求更高的神经外科医生，更是需要加倍的努力和付出。

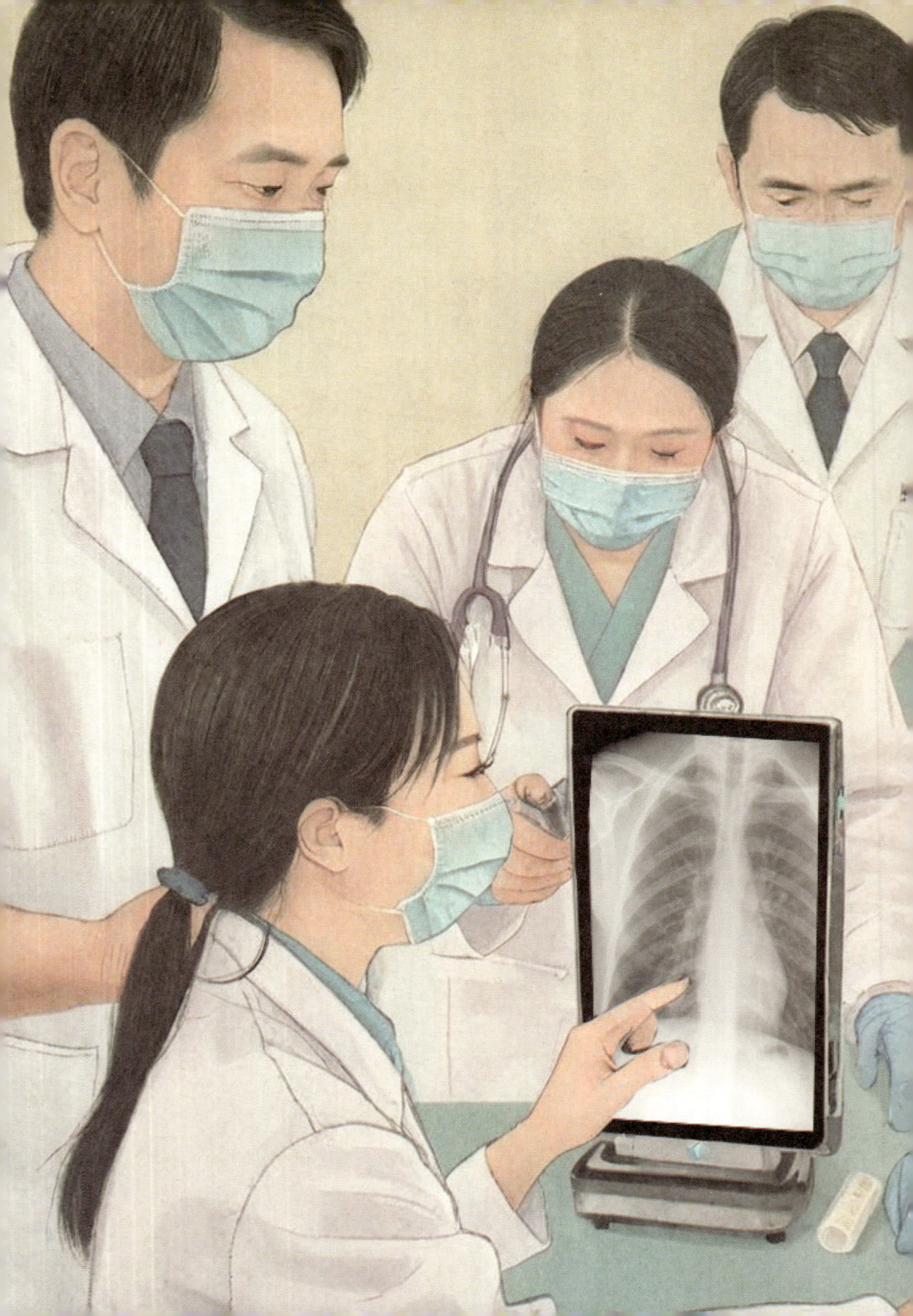

要完成"拆弹"的操作，神经外科医生需要有强大的内心、丰富的经验和娴熟的手术技巧，而这绝非一日之功，必须依靠大量的专业知识学习、大量的手术观摩和演练以及大量的基本功训练。

即便如此，"拆弹"的工作也不会一帆风顺，因为每一位患者、每一根血管、每一个动脉瘤的情况都不一样，医生需要根据患者具体情况选择合适的治疗方法，有时甚至不得不采用一些风险很高的手术策略，险中求胜。

任何人都有可能失败，医生也一样。不过，医生的对手是死神，医生的每一次失败都意味着一条生命可能从手中逝去。因此，医生的日常，用"如履薄冰""如临深渊"这两个词形容再合适不过了。

成为一名"拆弹专家"的道路注定是艰苦且漫长的，但是也唯有经历这一段"征途"才能成为一名合格的神经外科医生。而付诸的光阴岁月，最终会在神经外科医生手中的毫厘之间得到展现。

知识链接
脑动脉瘤介入栓塞术过程

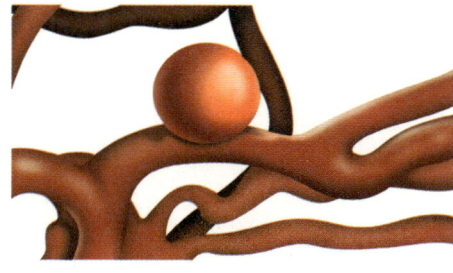

病人大脑内的血管发现动脉瘤

通过管道填入弹簧

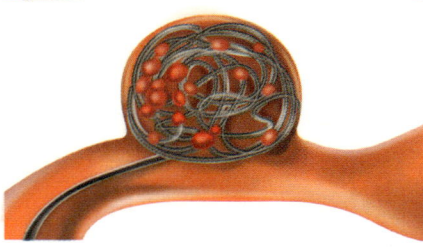

将动脉瘤填满弹簧圈

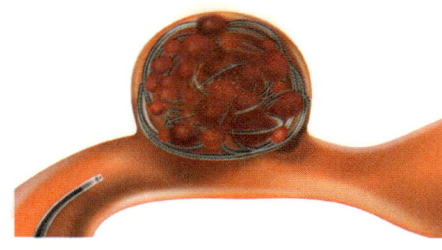

取出输送管道就大功告成了

成为数学家

　　数学家是专门研究数学知识的科学家,他们探索数学理论、发展新的数学方法,并解决各种数学问题。数学家通过严谨的逻辑推理和抽象思维,在纯数学和应用数学领域都有所建树。纯数学研究包括数论、代数学、几何学、拓扑学等多个分支,而应用数学则广泛应用于工程、经济学、计算机科学等领域。他们不仅丰富了人类对数学的理解,而且推动了科学技术的进步和社会的发展。

少年数学家养成记

李子臣（北京印刷学院）

数学不仅仅是加减乘除，也是一种可以解决实际问题、探索世界奥秘的工具。要想成长为具备扎实数学功底、热爱探究且具有创新精神的数学家不能一蹴而就，来看看北京印刷学院的李子臣是怎么做的吧！

从珠算开始的数学

我从小喜欢数学，这得益于小学数学课程中的珠算课，也就是打算盘。老师这样教我们：首先在算盘上打上"123456789"，然后打加法，加上"123456789"，重复9次，算盘上就会再次出现"123456789"。我觉得很神奇，对珠算课非常感兴趣，把珠算口诀背得滚瓜烂熟、指法练得又快又准，受到老师的表扬，说我数学学得好。

父亲知道我喜欢数学后，也开始留意一些数学问题。一次，他在街上听到有人讨论"井有多深,绳子有多长"的问题——将一根绳子垂放到井底水面,井外余15米;将绳子对折后垂放到井底水面,井外余1米。问,井有多深,绳子有多长?

父亲一路小跑,回家讲给我听,让我来求解。经过思考,我说,原来井外余15米,对折后井外其实余2米(1米×2),绳子在井内多出的长度正好就是井的深度,即15-2=13(米)。因此,井深13米,绳长15+13=28(米)。父亲回到街上验证我的计算结果,等了一会儿,非常高兴地回来,告诉我结果是正确的。

其实,这就是现在小学数学中非常著名的盈亏问题,对它的求解增加了我的信心,也让我对数学更感兴趣。

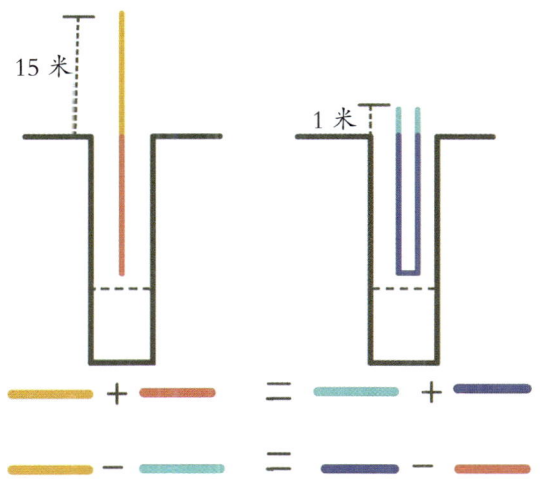

兴趣是最好的老师

学习数学,最重要的是掌握其背后的本质。中学时,数学老师讲了一个很有趣的规律:一个数减1,乘以这个数加1,等于这个数自己乘以自己再减1,并让我们证明这一规律。我验证了好多个数都是成立的。例如这个数是8,就有7×9=8×8-1;这个数是10,就有9×11=10×10-1。但是,要如何证明这个规律呢?放学回家的路上,我在想着这个问题;吃完晚饭,躺在床上也在想这个问题。就这样冥思苦索,却又乐在其中。突然,我脑中灵光一现,想起平方差公式:$a^2-b^2=(a+b)(a-b)$,若 $b=1$,那么 $a^2-1=(a+1)(a-1)$,这里的 a 就是这个数。我立即从床上起来,记下这一结果,心中油然而生一种自豪感。这使我更加喜欢数学了,同时也认识到,只要坚持和努力,就一定能成功。

在这里给你留一个问题,一个个位数是5的两位数的平方,等于十位上的数字乘以比自己大1的数字,再在积后面补上"25"。例如15的平方等于225,75的平方等于5625。它同样可以得到证明,如果你有兴趣可以试试。

兴趣是最好的老师,我之所以能正确解答上述问题,最主要的原因是对数学有兴趣,喜欢数学。

少年科学家养成记

数学重要吗？有用吗？

有些人会问，数学重要吗？数学有用吗？实际上，数学不仅重要，而且是最有用的学科之一。英国生物学家、进化论的奠基人达尔文说："发现每一个新的群体在形式上都是数学的，因为我们不可能有其他的指导。"欧洲文艺复兴时期的科学家、发明家、画家达·芬奇说："人类探索如果不能用数学表达，就不能真正称之为科学。"

《九章算术》《周髀算经》《孙子算经》等中国古代数学著作被广泛应用于货物交易、测量土地、历法等方面。当今社会，数学广泛应用于医疗、航天、人工智能、通信、密码技术等领域。2020年，第一个国际数学节（每年3月14日）的主题就是"数学无处不在"。

在航空航天领域，飞机外形的设计、发动机的设计、飞行轨道的选择、推力方案的制定、有效载荷的布局都依赖于数学方法；在大数据、人工智能等领域，其核心问题几乎都是数学问题；中国5G通信领域处于国际领先地位，5G标准中信令传输正是基于数学的极化码（一种前向错误更正编码方式，用于讯号传输）理论。

许许多多的例子告诉我们，数学无处不在。希望你喜欢数学、爱上数学，也希望更多的人能利用数学解决实际问题，让数学发挥更大的作用！

数学家的科研日常之教授数学

林开亮（西北农林科技大学）

数学家的科研日常围绕着创新思考、深度探究、严谨证明与广泛交流展开，既充满挑战又要求极高的专注力。对于西北农林科技大学的林开亮来说，数学不只是一份养家糊口的职业，更是一份实现人生理想与志向的事业。

理解数学

美国数学家瑟斯顿曾说过，数学是一种理解，而教授数学则是传递理解。所以，学习数学的关键就在于理解。

作为一名高校教师，我主要承担三方面的工作：教学、科研和服务。对我来说，三者无缝衔接。我的科研主要是进行数学教育与普及，而教学是我科研灵感的主要源泉，服务则是我科研成果的出口。

我给大一新生上课比较多，他们思维活跃，有好奇心，常常能提出不少好问题。对于这些问题的思索，不仅改进了我的教学方案，有时还会引出意想不到的研究成果。我的服务工作，主要是围绕普及数学展开的，常见的形式是在线上、线下做数学方面的通俗化报告。

无论是教学、科研还是服务，三者的内在核心都是"理解"数学——从我自身的"理解"数学，到去向他人传递对于数学的"理解"。而且在帮助别人"理解"数学的过程中，也在促进我本身对于数学的"理解"。

在交流中学习数学

从古至今，大数学家都是在不停地学习交流中钻研数学的：向前辈学习，与同行交流。许多数学家之所以成功，正是因为他们不断地与优秀的同行进行交流合作，并在这个过程中提升自己。

我的许多工作成果，都离不开前辈的点拨与同行的合作。让我记忆犹新的是与两位前辈——杨振宁（中国科学院院士、诺贝尔物理学奖获得者）和弗里曼·戴森（美国数学家、作家）的一次交流。

我从杨先生的科学论文选集中了解到，他非常看重科学风格。有一天，我突然想到一个问题：谁的研究风格适合拿来跟杨先生的研究风格比较？很快我就想到一个人——

弗里曼·戴森。他是杨先生在美国普林斯顿高等研究院的同事，也是以数学见长的理论物理学家，而且颇具人文情怀。我为自己的这个想法而激动，于是从网上查到杨先生与戴森先生的邮箱，给他们二人发邮件，表示想开展"比较"研究，希望能够得到他们的支持。很快，我就收到了他们回复的邮件，他们对我的研究表示鼓励与支持。我还因此得到与杨先生见面的机会，并在他的指导下，撰写了一篇戴森先生的传记——《弗里曼·戴森：科学家与作家的一生》。我把这篇文章的英文版发给戴森先生看，他表示很喜欢。

这就是为什么要交流，数学的天地太广阔了，一个人无论何其强大，力量终归是有限的。所以我们要走出自己的世界，去和别人交流，去见高山、见大海，与朋友一起共赏数学的"美景"。

我们做研究的过程,其实有点像唐僧取经。唐僧正是因为得到孙悟空的帮助,才能克服重重困难,取得"真经"。而与人交流合作,就像是在寻找自己的"孙悟空",是挣脱困境、打开局面的有效途径。

学好数学源于热爱

许多人认为,天赋是成为数学家的决定性因素,其实不然,数学能力的建立离不开勤奋与热爱。

中国科学院院士、数学家华罗庚有一句名言:"天才出于积累,聪明在于勤奋。"他本人就是一个极勤奋的数学家,虽然曾因家境困难辍学,但凭一颗热爱数学的心,坚持学习,最终成为一代数学大师。

德国数学家鲁道夫花费毕生精力,最终用割圆法计算出圆的内接正 262 边形的周长,并于 1609 年得到了圆周率的 35 位精度值,因此圆周率在德国也被称为鲁道夫数。在他去世后,后人将这串数字刻到了他的墓碑上。

对于数学家来说,数学不只是一份养家糊口的职业,更是一份实现人生理想与志向的事业。如果你热爱数学,那么不妨考虑朝着成为数学家的目标努力。毕竟,能够一辈子做自己喜欢的事情,是大多数人梦寐以求的!

成为物理学家

　　物理学家是专门研究物质与能量之间相互作用、运动规律以及宇宙的基本结构和演化等方面的科学家。他们通过观察自然现象，运用数学模型和理论分析，来构建和验证关于时间、空间、力、粒子、场等基本概念的科学理论体系。他们的研究成果极大地推动了人类对自然界的理解和技术的发展。

少年物理学家养成记

张兴华（北京交通大学）

什么是物理学？如何喜欢上物理学？如何成为物理学家？北京交通大学的张兴华会为你一一道来。物理学就在我们身边，在每个让我们痴迷的现象中。热爱物理能让我们拥有一双注视世界的眼睛和一颗热爱生活的心。

我眼中的物理学研究

物理学是用最基本、最普遍的规律或原理来描述客观世界的学科。大自然是复杂而美丽的，物理学家在试图理解它的时候，首先把那些分散注意力的因素去掉，将物理世界吸引注意力的那部分描述出来，这样的理论通常具有普适性（普遍适用于同类对象或事物的观念、制度和规律）。

例如，英国物理学家麦克斯韦将所有经典电磁理论归纳为4个简单的方程，用这套方程组可以理解发电、磁铁、化学元素的结合等现象，也可以利用这些原理来发展无线电和光的通信。

对事物充满好奇心

我是如何喜欢上物理学的呢？现在回想起来，应该是我从小就对很多事物都感兴趣、充满好奇心。

小时候，我看到人类登陆月球的照片和电视上月球的天空是黑色的，就问爸爸妈妈为什么月亮上总是黑夜呢？爸爸妈妈说，因为月亮上没有空气。蓝天、白云和水为什么有这么丰富的颜色？为什么像金属这样导电的物体会有光泽，而有颜色的东西没那么有光泽，透明物体又基本上都是绝缘的呢？

后来通过学习，我才知道，这些是光和物质的相互作用，也是物理学最关注的内容。在光学课上我了解到瑞利散射，即光与空气分子发生了散射。太阳光像一群小球与空气中的分子不断发生碰撞，改变了传播方向，因而，我们在各个角度看到的都是明亮的天空。如果没有空气中的分子把光碰撞得到处都是，我们看到的还是黑色的天空。

物理学就在我们身边

物理学是有胸怀的学科，生活中每一个有趣的现象和问题都是值得被尊重和关注的，不存在"纯粹的物理学"和"某些高尚的物理学"。

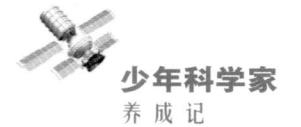

少年科学家养成记

物理学家爱因斯坦带给人类的不仅仅是相对论,他从身边有趣的现象出发建立了解释布朗运动的理论。1827年,英国植物学家罗伯特·布朗发现水中的花粉会不停地做不规则的曲线运动,即布朗运动。起初,有些人认为,花粉做布朗运动是因为它们是活的物质,也有人认为是热或电等外界因素引起的。1905年,爱因斯坦指出,花粉的布朗运动是由无规则运动的分子的碰撞导致的随机运动,并给出了著名的"爱因斯坦关系"。1908年,法国物理学家佩兰通过实验验证了爱因斯坦的理论。此后,科学界才认识到,分子是真实存在的。

由此可见,物理学就在我们身边,在每个让我们痴迷的现象中。

成为物理学家的必要条件

如何成为一名物理学家呢?也许你担心自己不适合做科研,认为做科研太难了。但是,我想跟你说,在对未知世界的探索中,我们都保持着谦卑,用自己现有的力量去搏斗大的"对手"。

热爱物理能让我们拥有一双注视世界的眼睛和一颗热爱生活的心。只要对身边的事物充满兴趣,保持探索世界的好奇心,不要放过发生在身边的有趣问题,收集每一次解决

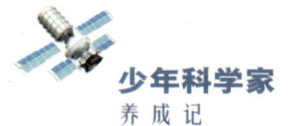

问题的灵感，乐于向朋友们分享自己的成果，你就是一位少年物理学家了！

知识链接
物理学的前沿之一：
活性物质

花粉的布朗运动不是活的物质的运动，那么由很多活性的物质构成的系统是什么样子的呢？这个领域就是物理学的前沿之一：活性物质。飞翔的鸟群、水里的鱼群、拥挤的人群都是典型的活性物质。

也许你会问："这些还是物理学吗？"当然是。2021年，诺贝尔物理学奖获得者意大利物理学家帕里西就是研究椋（liáng）鸟群飞行集体行为的专家。他的实验课题包括：鸟群怎么一起转向而又不相互碰撞？鸟群的速度和加速度是如何分配的？等等。

如果你也对身边的这些现象感兴趣，不妨先好好学习基础的物理学知识，将来才有机会去看更丰富、迷人的世界。

物理学家的科研日常之人造太阳

郑雪（中核集团核工业西南物理研究院聚变科学所）

物理学家用他们的智慧和精密仪器，带我们探索世界，揭示万事万物的运行法则。一代又一代物理学家，踏上探索太阳能量奥秘的道路，并梦想在地球上再造一个"太阳"。让我们跟随中核集团核工业西南物理研究院聚变科学所的钟武律，去看看他们的科研日常吧！

再造一个"太阳"

"老死不相往来"的两个带正电荷的原子核，如何克服巨大的库仑斥力（同性电荷之间相互排斥的力）？高速运动的粒子如幽灵一般闪烁，如何让这些不听话的"小精灵"按设定的轨迹运动？什么物质可以抵挡上亿摄氏度的高温？这一系列物理问题困扰着我，也促使我踏进了核工业西南物理研究院的大门，与物理学结缘。

自地球诞生以来，太阳照耀着山川，温暖了万物。一代又一代物理学家，踏上探索太阳能量奥秘的道路，并梦想在地球上再造一个"太阳"。2010年，我有幸加入中国新一代"人造太阳"团队，有幸见证并参与了它的设计、建造与运行。

"人造太阳"是利用太阳发光、发热的原理，在地球上建造"核聚变发电站"。十年磨一剑，经过不断探索和努力，2020年我们建成了中国新一代"人造太阳"，这是目前中国规模最大、参数值最高、最先进的托卡马克装置（可控核聚变研究装置）。

踏上新征程

2021年底，我们制定了新目标：2022年底实现中国新一代"人造太阳"超过100万安培等离子体放电！这可是国内最高的等离子体电流参数值。于是我和团队踏上了新征程！

可控核聚变是人类历史上最具挑战性的前沿科技之一。有一天，我试探性地问了问同事们："这个目标是不是定得太高了？是不是应该降低一下，或者时间再延长一些？"他们却坚定地说："我们就是要把不可能变为可能！"从同事们坚定的眼神里，我看到了活力与斗志。一勤天下无难事，没有任何困难能够阻挡我们前进的步伐！

向 100 万安培发起总攻

在短短几个月的时间内,我们不断尝试新技术、新工艺,从细节上进行质量管控。这期间有很多的里程碑节点,也不断有一个个小的突破,这让我们清楚地看见自己正在向成功一步步靠近。

有一天,在实验过程中,我们遇到装置线圈数据异常的情况,大家的心都悬起来了。团队马上兵分两路,一路进行实验数据的分析和计算,一路对现场的录音进行频谱分析,最终发现是一场虚惊,大家悬着的心也落下了。

2022 年 10 月 19 日下午,在中央控制大厅上百人的注视下,中国新一代"人造太阳"等离子体电流曲线冲出了一道陡峭的坡度,超过了 100 万安培!这是中国可控核聚变装置运行的新纪录!中央控制大厅内一片欢腾,我和身边的同事紧紧拥抱在一起,喜极而泣。

我的科研日常是无数次的计算分析、调试仪器、检查设备,是日复一日的攻坚克难,是带着成就感和使命感一次次向着"太阳"出发。也希望你学好基础知识,未来勇攀科学高峰!

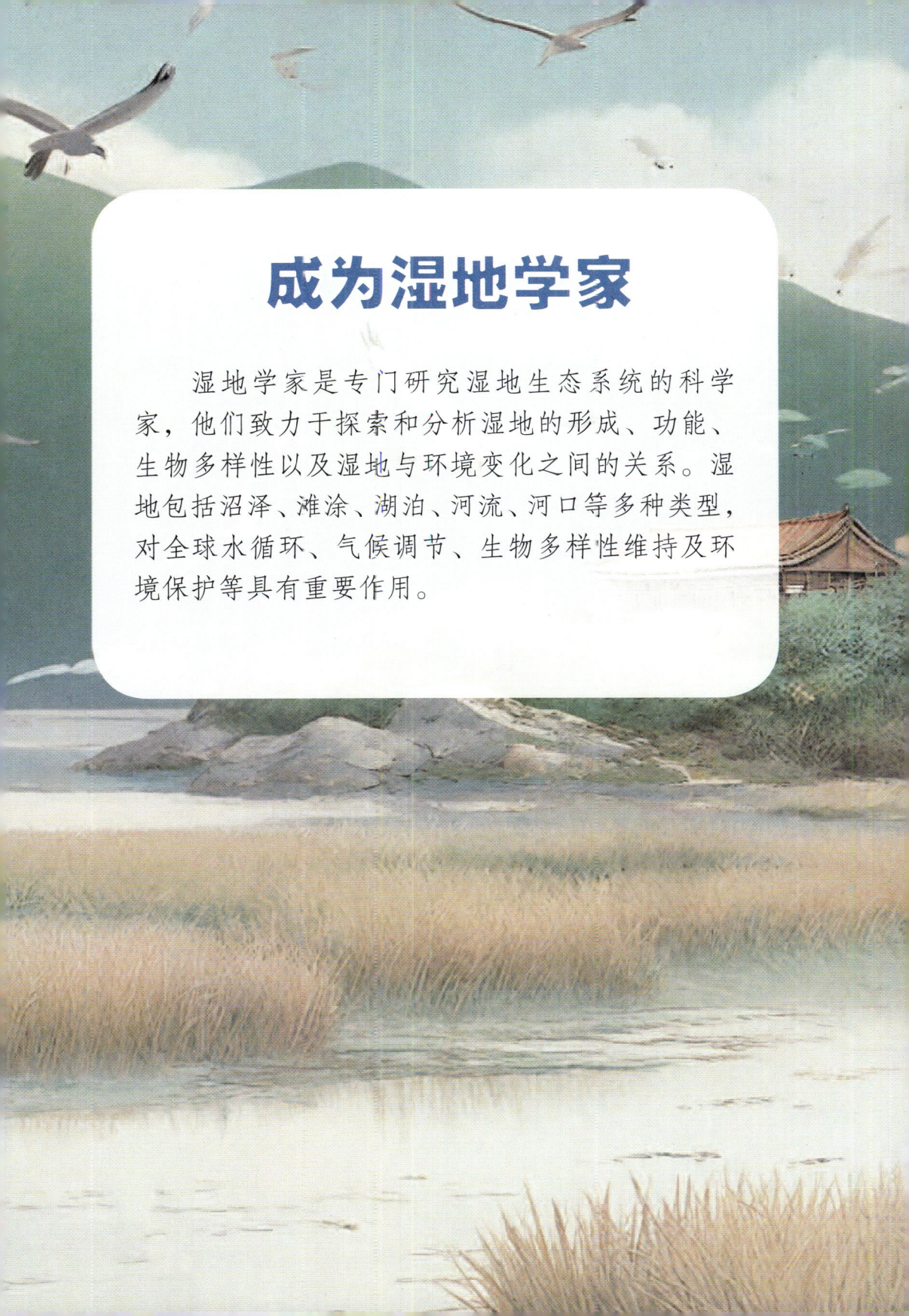

成为湿地学家

　　湿地学家是专门研究湿地生态系统的科学家,他们致力于探索和分析湿地的形成、功能、生物多样性以及湿地与环境变化之间的关系。湿地包括沼泽、滩涂、湖泊、河流、河口等多种类型,对全球水循环、气候调节、生物多样性维持及环境保护等具有重要作用。

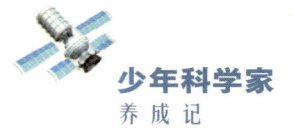

少年湿地学家养成记

赵广明（中国地质调查局青岛海洋地质研究所）

你知道湿地吗？你知道湿地学家吗？每一位热爱自然的孩子，内心都有一颗成为湿地学家的种子。让我们来看看这颗种子是怎么在中国地质调查局青岛海洋地质研究所的赵广明心间破土萌生、蓬勃生长的吧！

自然探秘者和守护人

你见过忘情"生长"着"潮汐树"（发育在潮滩上的一道道潮沟，是一种典型的沉积地貌）的黄河三角洲吗？你见过被"火红地毯"温情包裹的辽河口吗？你见过荡漾着琼花瑶草的若尔盖吗？……她们，有着一个共同的名字：湿地。

湿地是什么？她是"天然水库"，可以涵养水源；她是"天然基因库"，可以保护生物多样性；她是"气候调节器"，可以有效应对气候变化。她，被誉为"地球之肾"。

如此美丽又重要的地方，自然需要有人去探索其中的奥秘，并为其保护和修复建言献策——湿地学家就是这样的人。

缘起：湿地研究兴趣悄然萌生

我自幼对大自然充满好奇，喜爱跋山涉水。大学时，我首先进入的是地球科学领域，真正系统接触到湿地科学，是在 2006 年读研期间参加黄河三角洲科研项目。

黄河是中华民族的母亲河，她是沧桑、古老的。然而，位于黄河入海处的黄河三角洲却是年轻、新生的——黄河每年都会携带大量的泥沙自西向东流淌，这些泥沙在黄河和渤海交汇的地方快速堆积下来，造就了广袤的黄河三角洲湿地。

我参加的科研项目是研究黄河三角洲何处最适合湿地植物生长，湿地土壤中的哪些营养元素能帮这些植物长得又高又大。在此项目的支持下，我顺利完成毕业论文，湿地研究的兴趣不觉间已在心田破土萌生。

缘续：在湿地研究中苦中作乐

2009 年，我来到中国地质调查局青岛海洋地质研究所滨海湿地研究团队。如愿将兴趣和热情变成自己的工作，继

续在熟悉的黄河三角洲湿地上开展地质调查,我的湿地学家征程也由此开始!

若用4个字概括湿地研究,"苦中作乐"是我的最优选。

在天地间"苦中作乐"。我们每年都要花很多天在野外研究区进行监测、调查和取样,在野外获得的土壤、水、植物样品还要带回专业实验室进行进一步的测试。通过样品分析,我们可以了解湿地的历史、目前的健康状况,还可以对其将来的发展变化进行预判。

2011年6月12日,是这很多天里平凡的一天。那天,烈日灼烧着滩涂,我们和一支对黄河三角洲湿地非常感兴趣的美国考察队一起扛着设备在泥滩中跋涉,"呱唧、呱唧、呱唧……",每走一步都是脚掌与淤泥碰撞的"乐章",头顶的蚊虫更是不遗余力地给我们"伴奏",招潮蟹们蹲在密密麻麻的洞口为这夏日奏鸣曲挥舞着双钳。中美研究人员来到指定地点,定位、选址、插管、记录,一切都有条不紊地进行着。唯一的意外,就是那里的淤泥质地过黏,导致样品陷在里面,我们从湿地调查者瞬间变成"刨坑队员",趴在地上才把它挖出来。虽然大家都变成了泥人,但取得宝贵样品的喜悦却是掩饰不住的。

在书本里"苦中作乐"。所有的野外和实验室的工作,都是为研究服务的。从野外和实验室获得的测试数据,我们

还要进行仔细的分析。大家一起反复讨论，努力找出里面的规律，总结成新的知识点，并将其发布在专业的期刊上，让国内外更多的人员掌握，以便更好地保护湿地。

中国湿地研究起步较晚，需要中国科学家付出更多努力，在研究中实现突破。

成为湿地学家的必要条件

我相信每一位热爱自然的孩子，内心都有一颗成为湿地学家的种子。那么，需要做些什么，或者具备哪些条件，才能让这颗种子生根发芽呢？

首先，你需要一个健康的体魄。实践出真知，湿地研究离不开野外调查，然而这些地方通常又人迹罕至、环境复杂。因此，只有保持健康、加强锻炼，才能在美丽的湿地里畅游。

其次，你需要充足的知识储备。湿地科学是一门交叉学科，它需要用各学科的知识去解读。因此，学好地理、化学、生物等学科非常重要。当然，也不要忘记学好英语，因为它是与国外优秀科学家进行学术交流的重要工具。

希望你喜欢湿地、热爱湿地，将来加入湿地研究的大家庭，做湿地保护的坚定守护者，不断探索湿地的奥秘，将祖国的湿地研究提升到世界领先的水平！

湿地学家的科研日常之越冬水鸟

沈尤（四川旅游学院生态旅游研究所）

对水鸟展开调查研究，除了对研究和保护鸟类本身有意义，对湿地生态环境的研究和保护也有重要的意义。快跟着四川旅游学院生态旅游研究所的沈尤到成都平原看越冬水鸟，了解一下他们的科研日常吧！

水鸟——湿地里的小生灵

水鸟是指栖息或经常栖息于湿地的鸟类，包括游禽和涉禽。它们与湿地生态系统有着密切关系，栖居和繁衍高度依赖湿地生态环境。尤其是越冬水鸟，因为具有相对集中、种类多、数量大等特点，所以更能反映河流、湖泊和沼泽等湿地的健康状况。因此，对水鸟展开调查研究，除了对研究和保护鸟类本身有意义，对湿地生态环境的研究和保护也有重要的意义。

既"广"又"精"的调查点

四川成都平原的一些河湖湿地是越冬水鸟的聚集区，我们一般会选1—2月隆冬时节的某一天，进行成都平原越冬水鸟的同步调查。调查当天，来自成都、德阳、绵阳、眉山、自贡、乐山和雅安7个市的调查队员，同赴岷江（长江上游的重要支流）、沱江（长江上游支流）、涪江（长江支流嘉陵江的右岸最大支流）、青衣江（岷江支流大渡河的支流）等河流所覆盖的成都平原数十个调查点，按照既定的技术规范进行水鸟调查。

每一次调查我基本都选择西线的2—3个调查点位，一个是流经四川成都崇州市区的西河（长江支流岷江的支流），一个是流经四川成都邛（qióng）崃（lái）市区的南河（战国时期水利工程专家李冰修都江堰时，从岷江干流分流出的一条支流），还有一个是邛崃羊安工业区附近的泉水湖以及文君万亩荷塘一带。这些调查点位的选择，一是基于历史观察记录，这些地方有比较多的水鸟；二是这些区域有河流、有湖泊，既有与人类活动空间高度重叠的水域，也有相对远离人类活动影响的湖泊，具有典型性和代表性。

水鸟调查有方法

在对水鸟开展调查的过程中,我们会采用样线法(在调查点位选择多条样带线,用肉眼或借助双筒及单筒望远镜在开阔湿地生态环境中观察,记录鸟类的种类及数量分布),沿河逆流而上,在水鸟密集的区域展开调查。在采集调查点位的经纬度和海拔高度等地理信息的同时,对其生态环境进行记录。此外,还要记录调查当天的天气、使用工具、起止时间和记录人等信息。在工具方面,除了人手一台双筒望远镜之外,原则上每支队伍至少要有一台高倍率的单筒望远镜。

在每一个调查点位上,我们要用望远镜对水鸟进行直接的观察、辨识和记录。水鸟数量相对较少时,基本上数一遍就可以了。水鸟数量多的时候会数2—3遍,而且还需要用专门的计数器进行计数。记录水鸟时为了避免重复计数,原则上只记一个朝向的数。多次计数后,一般以数量最大的那一次作为结果记录。

观察过程中,通常会对调查点位的生态环境和水鸟进行拍摄记录,遇到珍稀、罕见的水鸟,则需要更加详细地观察、记录和拍摄影像资料。

截至2023年1月初,我们已经连续开展了7轮成都平原越冬水鸟同步调查,共记录8目16科89种水鸟,占成都平原水鸟记录的52.66%。每次调查结束,我们都会对调查数据进行汇总、整理和分析,并进行历史记录对比,分析成都平原湿地水鸟的种类、数量和变化趋势等,以此判断成都平原湿地生态环境的变化和健康情况,为成都平原湿地建设和保护提供重要的参考意见和建议。

成为气象科学家

　　气象科学家是专门研究大气现象、气候系统以及其变化规律的科学家。他们通过收集和分析各种气象数据（如温度、湿度、风速、气压、降水等），利用数学模型预测天气变化，探索气候变化对环境、经济、社会的影响，并致力于提高天气预报的准确性。在当今社会，由于极端气候事件频发且对人类生活影响日益增大，气象科学的重要性不断提升。

少年气象科学家养成记

王富（中国气象局地球系统数值预报中心）

你每天有没有关注天气预报呢？那你知道气象科学家是如何预测未来天气的吗？要成为一名气象科学家，需掌握哪些知识和技能呢？跟着中国气象局地球系统数值预报中心的王富一起观云识天，探索大气的"喜怒哀乐"吧！

认识气象从天气预报开始

我生长在江南，家乡的天气给我留下了深刻印象。

每年五六月份的梅雨季，天总是阴沉沉的，还不时下场毛毛雨。细雨落在我的脸上，柔柔绵绵的，这让我养成了下小雨不打伞的习惯。

到了七八月份，天气一下子变得闷热起来，只有午后的暴雨和偶尔登陆的台风能够给酷暑按个"暂停键"。而台风让我早早就见识了自然灾害的破坏力——狂风骤雨、电闪雷鸣，满地瓦片和被刮倒的大树……

后来,我开始通过天气预报了解天气。晚饭时,一家人围坐在一起,边吃饭边听天气预报。预报有雨,出门时我会带伞;预报有台风,我会闭门不出。有时,我会不由自主地哼出天气预报的背景音乐,但直到上大学后,我才知道那首曲子叫《渔舟唱晚》。也是从那时起,我渐渐对天气预报产生了浓厚的兴趣,我很好奇,预测未来天气是怎么做到的?

勇于探索跨学科发展

怀着对天气预报的好奇,我来到中国气象局学习和从事数值天气预报工作,尝试揭开天气预报的神秘面纱。

少年科学家
养成记

作为现代天气预报的核心技术,数值天气预报是一个数学、物理和计算机等多学科交叉的领域。它是根据现在的大气状态,利用超级计算机模拟出未来的大气状态,也可以认为是"虚拟现实"版的地球大气。

这其中,首先是要认识大气中各种物理、化学过程的规律;其次,要掌握能描述这些过程的数学方程组以及求解方程的数学工具;最后,是将其改写成计算机语言,通过超级计算机来实现对未来天气的预测。

现今,中国业务数值预报模式北半球可用预报天数已突破8天,但与国际最先进水平仍有不小的差距。赶超国际最先进水平是我们未来努力的方向,但达成这一目标的前提是不断探索、勇于创新,熟练掌握和运用交叉学科知识。

成为气象科学家的必要条件

气象,是一门基于观测的学科,天气预报的准确性取决于我们对大气状态及其变化观察得是否准确、及时、全面。认真观察也是分析和归纳大气过程新规律的第一步,而独立思考则是我们成为气象科学家的基本素养之一。

如何做到认真观察、独立思考呢?推荐"四步学习法":

(1)明确问题含义。例如要回答"如何提高数值天气预报的预报能力"这个问题,就要明白数值天气预报和预报能力的定义。

（2）查阅请教找答案。通过阅读书本和请教老师、同学，明确是否有答案，"是"则回到第（1）步，"否"则进入第（3）步。

（3）寻找解决方法。通过类比或归纳，尝试用不同的方法回答这一问题。找到方法则进入第（4）步；如果没有合适的方法或证明问题无解，则回到第（1）步，思考在问题含义的理解上是否存在偏差。

（4）推导和检验。如果检验错误，则回到第（3）步，寻找新的方法；如果检验正确，则回到第（1）步，思考一个新的问题。

这个方法简单、直接又具有可操作性，它准确描述了我们从学习向研究转变的过程。通过（1）（2）（3）步的循环来学习知识的过程，让我们更能体会到完成第（4）步时的喜悦。

近年来，数值天气预报在中国天气预报业务中发挥了重要作用。而要实现天气的精准预报，特别是提升灾害性、高影响天气的预报能力，还需要我们充分发挥自身学习的积极性，认真观察、独立思考。

如果你也对气象感兴趣，不妨从学好基础知识做起。在未来，让我们一起观云识天，探索大气的"喜怒哀乐"吧！

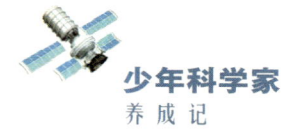

少年科学家养成记

气象科学家的科研日常之巅峰科考

朱孔驹（中国气象科学研究院）

珠穆朗玛峰不仅是青藏高原南缘喜马拉雅山脉的主峰，也是世界最高峰。2022年4月28日，"巅峰使命"珠峰科考活动全面启动。本次科考是2017年第二次青藏高原科学考察启动以来学科覆盖面最广、参加科考队员最多、采用的仪器设备最先进的综合性科考。中国气象科学研究院的朱孔驹正是本次科考队伍中的一员。

气象人的"巅峰使命"

高海拔地区阴晴多变，天气系统相当复杂，极端天气频发。因此，在珠峰地区进行极高海拔（海拔在5500米以上即为极高海拔）综合科学考察研究，气象保障工作十分重要。我所在的团队主要负责在海拔5200米的珠峰大本营为科考登山队员提供气象保障服务、开展气象观测以及为科学研究提供基础数据。

此次科考，我们要在珠峰北坡海拔 7028 米处架设中国自主研发的超低温自动气象站，进行实时气象观测和资料传输；在珠峰大本营开展探空观测、大气温湿度廓线（大气中，湿度随高度变化的曲线）探测、平流层臭氧和二氧化氮柱浓度（采用从地面到高空垂直柱中的二氧化氮，在 0 摄氏度和 1 个标准大气压下的总层厚度，来反映大气中二氧化氮的含量）实时监测；在珠峰大本营以及更高海拔的营地进行气溶胶采样。

为了最大程度掌握珠峰实时天气条件变化，我们开展了加密观测——每天凌晨 2 点、下午 2 点和早晚 8 点释放探空气球，为珠峰冲顶和建站工作提供最新、最近的气象信息。

地球之巅的气象站

2022 年 5 月 8 日 21 时 10 分，一个振奋人心的声音从地球之巅——珠峰传来："气象站数据收到，卫星传输正常！"这个架设在珠峰海拔 7028 米的自动气象站，是中国自主研发的超低温自动气象站，也是该类气象站首次落户在海拔 7000 米以上高度。此举不仅完善了中国在青藏高原地区的观测站网，也可检验超低温气象站在高原极端环境地区的运行情况，为日后完善高海拔地区站网布局提供范例。

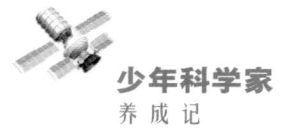

由于珠峰安装地点人员极难抵达,研发团队对气象站的整体结构进行了优化设计,使其更加轻量便携,利于人力背负;选用了适用于山地的快速安装和固定方式,使其可以在山地环境中更好安装、更加稳固。

科考工作的苦与乐

珠峰科考,必然绕不开高原反应。虽然不是第一次到高原地区,且提前进行了体能训练,但是科考队员还是出现了头痛、头昏、乏力、食欲减退的症状。

我们先到拉萨,整备科考物资、调试观测仪器、完善科考计划,同时进行身体休整。9天后我们坐着皮卡车,车上装着打包好的科考物资,经过12个小时的车程,到达海拔5200米的珠峰大本营。

在珠峰大本营,队员们高原反应的症状更加严重,缺氧、头疼、失眠,即使睡着了,不到半小时也会因头疼醒来一次。

珠峰大本营的住宿条件比预想中好得多,10人一个大帐篷,有电,地面有保暖海绵垫,队友各自睡在睡袋里。

到达珠峰大本营的第2天,大家都想着先把气象仪器架起来开始观测,但是明显感觉身体不允许,别说搬东西了,就连走路都是一步一挪地慢慢来。有的队友开始出现血氧饱和度低于80%(正常水平为95%—99%)的情况,这时只能靠

吸氧帮助身体恢复正常。

珠峰大本营属于超高海拔地区，我们到达时虽然是4月底，但是气温依然较低，昼夜温差大，由于地理环境特殊，天气状况阴晴不定。早上，可以看到"日照金山"的美景；到了下午，大雾弥漫到10米开外就看不到人影了；晚上，狂风暴雪吹得靠近帐篷门帘的队友不得不加盖一件厚羽绒服。

珠峰科考虽然艰苦，但不缺乏快乐。途中，可以欣赏别人看不到的风景；工作中，可以收获很多的友谊；当看到实验结果的时候，我们就觉得之前的艰辛都不算什么了！

气象科学家的科研日常之南极科考

曾昭亮（中国气象科学研究院）

南极是地球上最寒冷的大陆，年平均气温为零下25摄氏度—零下30摄氏度，年平均降水量比非洲的撒哈拉沙漠还要少。在这里，中国先后建成了长城站、中山站、昆仑站、泰山站和秦岭站5个科学考察站。为了更好地了解和预测天气，一批又一批的气象工作者来到这里探索这冰雪世界中的气象奥秘。中国气象科学研究院的曾昭亮就曾在中山站参与科考。

勇闯南极

南极科考大概分为越冬（时间为一年到一年半）、度夏（时间为半年左右）两种。例如，第36次南极考察中山越冬队员于2019年10月出发，2021年5月返回；度夏队员则于2019年10月出发，2020年4月返回。

我曾有幸在中山站参与科考,在这里工作和生活充满了惊喜与挑战——不仅有美丽的极光、呆萌的企鹅,更有无尽的黑夜、刺骨的寒风、漫天的暴雪。这对气象科学家的专业素质、心理素质都是极大的磨炼与考验。

风雪中的气象人

中山站周边天气多变,8级大风更是家常便饭,地吹雪(指大风吹动浮雪像流沙一样铺天盖地而来)、暴雪天气频发,在此环境中进行气象观测及数据采集非常危险。

不论天气好坏,科考队员都要对气象设备进行巡检、录入气象数据,保证每天4次发报,全年无休。

正常情况下,大气成分观测栋距离生活区综合楼仅不到10分钟路程,但遇到暴雪、大风便会寸步难行,为了保证正常工作,队员只能爬行前进。

北半球夏至时,太阳直射北回归线,南极圈全范围出现极夜,中山站每年的5—7月有50余天极夜期。终日不见阳光,再加上远离亲人,每日巡检的道路上,我们只能与风雪和黑夜为伴。

冰上"探险"——海冰观测

海冰是全球气候系统的重要影响因素之一,其厚度和密度变化会直接影响海况和气候。因此,观测海冰是我们在中山站的重要任务之一。

在极夜期间开展观测,难度和危险性不言而喻——冰厚不厚?人踩上去会不会塌?冰裂隙多不多?特别是海冰冰面上冰山较多,冰山周边向外辐射的冰裂隙大多被积雪覆盖,不易被发现。为此,我们会先下载卫星遥感影像,熟悉观测区域点位分布及冰山分布,制订详细的观测计划。到观测时,再通过全球定位系统(GPS)找到具体的点位。

在零下30多摄氏度的环境中,我和队友乘坐雪地摩托,对观测区域海冰的厚度、雪的厚度进行测量和记录。我们带着压缩饼干和水,有时水来不及喝,就被冻成了冰块。

记录数值也是个"技术活"——脱下手套更方便记录，但是温度太低，还没记完，手指就完全冻僵不能弯曲了。而且手指一旦碰到金属设备，就会被粘住，想把手指拿开，就要脱层皮。

激光与极光共舞

激光是探测大气的"利器"，我在南极科考的主要任务是执行极区中低层大气激光雷达系统部署与观测。在度夏期间，我们完成了多台激光雷达安装和系统调试，并参与了国际上首次在南极地区的极区大气准全高程（从底层到中高层）激光雷达协同观测，记录了南极近地面层到中间层的温度和风场等大气关键参数数据。

在这期间，激光雷达观测栋（几个集装箱组合而成）从无到有，激光设备完成了调试、优化、发射。看到极夜观测期间发射的激光与绚丽的极光共舞，我心里满满的都是成就感和幸福感。

随着科技的不断发展，我们在南极的气象研究也将越来越深入。如果你对气象感兴趣，不妨从现在开始努力，也许有一天我们会在南极相遇。

成为天文学家

　　天文学家是研究宇宙整体或各类天体的科学家。另外,有的天文学家专门研制天文观测设备,有的天文学家专门编写天文应用软件。他们使用天文望远镜等各种设备来收集数据并分析数据,然后利用数学和物理知识来构建模型,以探索天体或宇宙的起源、结构、演化和各种物理性质,比如研究宇宙中的黑洞、暗物质、暗能量等未解之谜,寻找宇宙中可能存在的"外星人"。

少年天文学家养成记

李庆康（北京师范大学天文系）

　　仰望星空，北京师范大学天文系老师李庆康在孩提时，心里就埋下了一颗向往探索天文学的种子，它慢慢萌发，在知识的浇灌下慢慢成长，李庆康也走入了与天文相关的研究领域，以一种更为科学的方式去仰望星空。

古老又富有活力的天文学

　　天文学是研究天体、天体系统乃至整个宇宙的科学。粗略地讲，天文学一方面是研究天体或天体系统的个体性质，另一方面是研究宇宙的整体性质。具体而言，天文学研究的是宇宙中天体的位置、运动，化学组成，物理状态和过程，以及它们的起源、结构和演化。天文学既古老，又富有活力。

仰望星空埋下天文梦

我自孩提时起,在夜深人静、晴空万里时就喜欢在乡村旷野观察天穹上的星星点点,关注月亮的阴晴圆缺,并时常想:天上是不是像神话故事说的那样有神仙?究竟是什么神奇的力量让月亮圆缺,让斗转星移,让它们闪闪发光呢?怀着无比的好奇,我开始慢慢去读一些与天文有关的书籍,才知道原来宇宙巨大无比,地球只不过是宇宙中一个微小的星体,我们的太阳系不过是银河系的一小部分,而银河系之外还有数不尽的星系。我看到的那些星星点点的背后,还隐藏着无穷的奥秘。

仰望星空,我的心里埋下了一颗向往探索天文学的种子,它慢慢萌发,在知识的浇灌下慢慢成长,我也走入了与天文相关的研究领域,以一种更为科学的方式去仰望星空。

何以观天

当代天文学能用整个电磁波段来观测天体,形成了完整的体系,包括光学天文学、射电(亚毫米波、毫米波、厘米－分米波、米波)天文学、红外天文学、紫外天文学、X射线天文学、伽马射线天文学。它甚至已经不再局限于电磁波,而是拓展到了多信使天文学,即添加了宇宙射线天文学、中微子天文学和引力波天文学等。

天文学的具体研究领域也十分宽广,它包括太阳物理学、恒星和星际介质物理学、行星科学、空间科学、银河系天文学、星系天文学、宇宙学等。而且天文学与很多学科有交叉,产生了新学科,例如:天体生物学、天体化学、天体地质学、计算天文学等。

另外,天文学的研究成果被广泛应用于通信导航、航空航天等领域,对于国家经济建设和国家安全有重要作用。

学天文也有多角度

观测(观察和测量)是天文学研究的基础,天文学研究的基本范式就是通过观测得出物理参量和特性,然后找出规律、建立理论并给出预测,再进一步用观测去验证预测。

天文学非常依赖于物理(力学)、数学和信息技术等学科的发展,同时又极大地推动着这些领域的进步。如果你对天文感兴趣,那么从现在开始就要好好学习物理和数学,并时常关注天文学的进展,这些都将在未来助力你成为天文学家。天文学博大精深,总有一款适合你。

成为天文学家的必要条件

天文学中存有世界上最难的科学问题,无论是黑洞、暗物质和暗能量问题,还是生命起源、天体起源、宇宙起源以及外星人问题,都是"天大"的难题,这足以难住所有人,也吸引一代又一代天文科技工作者去深入探究。因此,选择天文,不仅有事干,而且能够干大事,可以说前途远大。干天文,人生将会拥有无尽的宝藏、无限的光荣和梦想。

　　学习和研究天文,需要有兴趣、好奇心和想象力;需要有恒心、耐心、毅力、自信和勇气;需要有好的学习习惯和方法;需要"潜心问道"和参加一些交流活动;需要勤奋学习和工作,并与真正优秀的人合作;需要独立思考、刨根问底,并主动去寻找答案;还需要注重过程与细节,发现并捕捉机会。因为热爱,所以坚持;因为执着和专注,所以卓越和快乐。

中国天文硕果累累

中国天文硕果累累，郭守敬望远镜（LAMOST）、悟空卫星（DAMPE）、天眼（FAST）、慧眼（HXMT）等大科学装置捷报频传；"嫦娥"奔月、"祝融"探火、"羲和"逐日、"天和"遨游星辰。中国巡天空间望远镜（CSST）即将升空，还有更多的大国重器正在路上，相信它们一定会大放异彩。

中国天文人充分发挥自己的聪明才智，踔厉奋发，勇毅前行，不断出好成果、出大成果，努力为建设创新型国家、建设世界科技强国作出新的、更大的贡献。新时代新征程，中国天文热忱欢迎和呼唤有志之士的加入。

人类生生不息，人类的目标是星辰大海！人类在浩瀚的宇宙中是渺小的，但人类探索宇宙与未知的精神是伟大的。宇宙最不可理解之处就在于它是可以理解的。星光不问赶路人，功夫不负有心人。相信通过团结协作，人类终将征服星辰大海！

天文学家的科研日常

王灵芝（中国科学院南美天文研究中心、国家天文台中智天文联合研究中心）

借助望远镜，天文学家可以观测到太阳系以外的星空。那你知道为什么要把望远镜放置于南极吗？你知道天文学中最常用的两种观测手段吗？让中国科学院南美天文研究中心、国家天文台中智天文联合研究中心的王灵芝来为你答疑解惑吧！

仰望星空的"侦探"

小到一粒尘埃，大到整个宇宙，都藏有无穷秘密。天文学家就像一群侦探，从蛛丝马迹中去了解星星、星团、星系，乃至整个宇宙表观和内在的物理规律。

可蛛丝马迹从哪里来呢？这里要感谢一位伟人——400多年前发明天文望远镜的意大利天文学家、物理学家伽利略。借助望远镜，天文学家可以观测到太阳系以外的星空。

我们的主要工作是观测天文现象,模拟天文预测,建立理论模型来解释天文现象。其中,测光和光谱是天文学中最常用的两种观测手段。

晴朗的夜晚,让望远镜对着星星拍照,然后统计所拍星星在单位时间内收集到的光子数——这就是我们常说的测光。

如果望远镜的终端是光谱仪(将成分复杂的光分解为光谱线的科学仪器),星星的光子透射和反射后会形成一条红橙黄绿青蓝紫的彩带,然后收集彩带上不同频率的光子——这就让我们得到了光谱。

随着望远镜孔径的变大和拼接镜面的发展,天文学迎来了新时代。天文学家可以用地面和空间望远镜,多频次地从射电、红外、光学、紫外、X射线、γ射线全波段研究观测天体。

苛刻的观测环境

我最初进入天文研究阶段,恰逢中国南极科考队进行第24次南极科学考察。这一次,南极科考队首次在南极冰穹A安装了4个口径为14.5厘米的小望远镜阵列CSTAR。我的研究课题,就是对CSTAR在2008年获得的350G海量测光数据进行处理,寻找变源,并对天文台址冰穹A做评估。

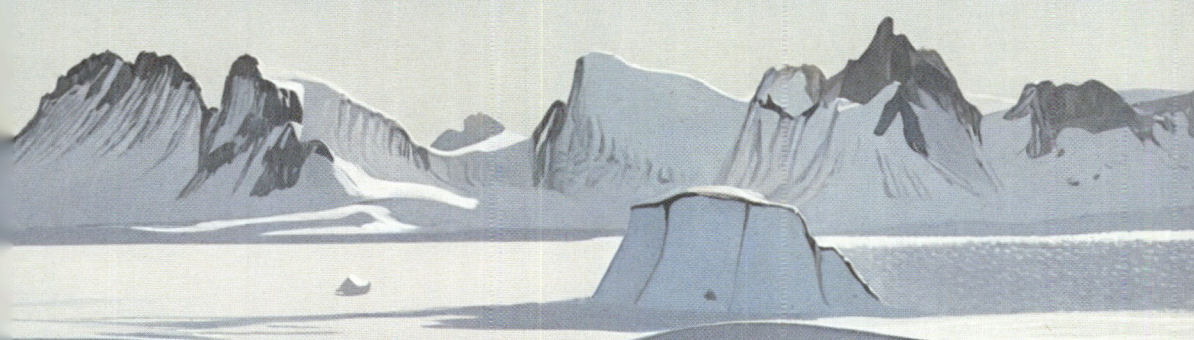

为什么要把望远镜放置于南极?

因为天文观测对天文台址有较高的要求:天气稳定、水汽少、大气透明度高,没有城市灯光的污染。或者说,越不适合人类居住的地方,越适合天文观测。

南极大陆是地球表面最好的天文台址之一。首先,南极天气极冷,水汽极少——水都凝结成冰了,空气也比较稳定。其次,它远离人类的生活区域。而且,南极大陆还能实现长时间连续不间断的极夜观测,观测条件能与太空观测媲美!

此外,美国夏威夷和智利北部沙漠也非常适合天文观测,加之便利的交通条件,这些地方安装有世界上绝大多数的、不同口径的望远镜。

海量数据背后的意义

作为观测天文学家,我们的一项主要工作,就是对同片天区多次拍照,再对每张照片进行测光。

具体来说，照片上的每一颗星，其亮度是从中心向边缘逐渐减弱的。我们先画一个小圆圈作为它的测光孔径，把这个圆圈内的光子计数加起来，然后在这颗星的周围画两个圆圈构成一个环，统计环里每个像素的平均光子值，并作为这颗星的背景值。当我们把这颗星的背景值减去后，就得到了这颗星的光子孔径测光值。

为什么要减去背景值？因为测光孔径内每个像素上的ADU（一种光子计数单位）计数，包括来自天体和天空背景的光子ADU计数。例如，如果某天是满月，月光会成为很亮的背景，我们看到星星的数目就少；如果没有月亮与云，天空背景低，我们就可以看到更多星星。所以，减去背景值即去掉这颗星的干扰因素。

获得了星星的一系列光子计数后，我们再将其按时间顺序排列，就得到了星星的光变曲线。一个双星系统，当一颗星挡住另一颗星的时候，整个双星系统的亮度会变暗。

除了南极，我们不可能在地球其他地方（因为没有极夜条件，虽然北极也有极夜，但它是海）获得同一个望远镜一天24小时的观测数据。CSTAR获得的这些海量测光数据，证实了在南极冰穹A开展长时间连续不间断测光的可行性，对天文研究有着重要意义。

"路漫漫其修远兮，吾将上下而求索。"宇宙中有着太多现在还无法解释的现象，但随着技术的发展以及观测样本的增加，相信有朝一日我们一定可以揭开它们的神秘面纱。

成为化学家

  化学家是专门从事化学研究的科学家,他们致力于探索物质的组成、结构、性质以及变化规律。化学家通过实验和理论分析,在原子和分子层次上揭示并理解自然界的化学现象。从元素周期表上的化学元素到复杂的生物分子,再到新材料的研发,化学家的工作涵盖了诸多领域。

少年化学家养成记

曹宜力(北京科技大学固体化学研究所)

化学这门充满神奇色彩的科学,为什么是"变化的科学"?化学家用试管和烧杯探寻元素的奥秘,但化学实验失败却是常态?化学领域充满挑战的前沿命题有哪些?让北京科技大学固体化学研究所的曹宜力来为我们讲解一下吧!

变化的科学

化学从字面意思来看,指"变化的科学"。它是在原子、分子水平上研究物质组成、结构、性质、转化及其应用的基础自然科学。化学反应伴随着新物质的生成(生成物)和旧物质的消失(反应物),例如木头燃烧、铁的锈蚀等。而化学家最重要的工作之一是化学合成,就是通过原子、分子间的不同组合,采用合适的化学反应途径,去创制一系列用于改善人类生活和推动社会发展的新物质。

在失败中坚守初心

中学第一次上化学课，我就对化学充满兴趣与好奇：为什么石蕊试纸会遇酸变红、遇碱变蓝？进入大学，我选择了冶金工程专业。当然，化学是基础课之一——高性能钢铁的精准设计离不开化学中的一张张热力学相图。

有了之前打下的基础，我真正从事化学研究是研究生阶段参加的国家重大研究项目"稀土 4f5d 电子结构的物性关联"。

稀土是元素周期表中的钪（kàng）、钇（yǐ）和镧（lán）系元素共 17 种金属元素的总称，是中国的战略资源和特色资源。2016 年，我开始围绕稀土设计并合成新型零热膨胀合金。零热膨胀是指材料尺寸在一段温区为既不膨胀也不收缩。热胀冷缩是正常的自然现象，所以要实现零热膨胀这种反常规现象，化学创制是必经之路。

化学是一门以实验为基础的科学。两年内，我们依照元素周期表尝试了多种元素的组合，反复实验。终于，2018 年 1 月，大家在稀土铁钴合金（$Ho_2Fe_{16}Co$）获得了迄今温区最宽的零热膨胀！直至现在，我依然记得发现当天的喜悦和激动。而这个发现也让我真正明白：化学实验失败是常态，但只要坚持下去必将获得最终的胜利。

成为化学家的必要条件

首先,我们要对自然科学有求知欲,对物质变化感兴趣。化学创制本质是对新事物的探索,保持对未知的渴望会推动我们不断向前。而且,发现本身就很困难,化学实验更是常常失败——零热膨胀实验失败无数次后,支撑我们走下去的,正是求知欲和兴趣。

其次,我们要专心学习基础知识,拓展课外阅读。一方面,化学专业知识非常重要,我们要注意基础知识的学习,在实验中理解化学变化。另一方面,我们要将所学知识运用到生活中,同时在生活中积累点点滴滴的化学知识,培养自己的化学思维,提高化学学习兴趣,为创制出有益于人类生活的物质作准备。不仅如此,适当的课外阅读也很重要——它有助于我们了解化学发展史,理解化学的意义,增强自身的历史责任感。

此外,我们还要有意识地培养交流能力,积极锻炼身体。重大的科学发现需要学术交流。我们可以在日常生活中培养交流能力,与老师、同学交流学习心得与疑问,更全面地理解基础化学知识;可以通过实验与自己交流,培养自己的耐心与细心,提高自己的定力;还可以通过阅读化学杂志与作者交流,拓展自己的眼界……当然,学习之余也要坚持锻炼身体，好的身体是进行一切科学研究的前提。

现在，寻找高效催化剂、室温超导体和癌症治疗药物等是化学领域充满挑战的前沿命题。化学世界充满未知，希望你也有机会和我们一起，为推动社会发展贡献力量！

化学家的科研日常之碳纳米管

张如范（清华大学化工系副教授）

北宋文学家王安石在《游褒禅山记》中曾用"夫夷以近，则游者众；险以远，则至者少。而世之奇伟、瑰怪，非常之观，常在于险远，而人之所罕至焉，故非有志者不能至也"来感叹只有胸怀大志的人，才有可能实现理想。做科研也是如此！今天就让我们跟着清华大学化工系副教授张如范走进化学家的科研日常，去看看他们是如何战胜困难，取得成就的吧！

做科研犹如啃硬骨头

做科研犹如啃硬骨头，只有在某个领域长期坚守和持续努力，才能取得重大成果。

在碳纳米管领域存在几个重大的难题，其中一个就是如何实现宏观长度、完美结构、优异性能的超长碳纳米管（一维量子材料）的可控生长与批量制备，这也是实现碳纳米管高端应用的前提。

然而，多年来由于超长碳纳米管生长机制不明、催化剂易失活等原因，超长碳纳米管产率不仅十分有限，还严重影响了它的实际应用。

2018年，我针对这一难题带领团队进行攻关。开始时，超长碳纳米管的生长状况非常不稳定，得到的基本都是杂乱生长的短碳纳米管，超长碳纳米管的产率仍然很低。直到2021年的某一个深夜，我突然灵光一现——是否可以将飘浮的短碳纳米管拦截起来，使其能够平行排列后生长，从而实现超高产率的超长碳纳米管制备？

我很快把想法投入了实践，结果也正如我预想的一般。基底拦截导向策略，可以巧妙且有效地将原本无序生长、长度短小（微米级）的碳纳米管，转变成平行排列、长度达到数厘米甚至数十厘米的超长碳纳米管水平阵列，并成功实现了超长碳纳米管水平阵列密度的大幅度提升。

最终，该成果发表在纳米领域国际知名期刊《纳米快报》（*Nano Letters*）上，这给我的团队带来非常大的信心和鼓舞。

给最黑的材料染上色还能充当"防火衣"

在碳纳米管领域多年的坚守也同样给我们带来了许多意外之喜。一直以来，碳纳米管存在两个固有特性，这严重限制了其性能的提升和应用范围。

一是碳纳米管被认为是世界上最黑的材料，并且由于其表面高度结晶性以及化学惰性，也无法利用常规方法对其进行化学染色。碳纳米管单调的黑色和难以着色的特性，使其难以满足美学和时尚的要求，极大地限制了其在柔性可穿戴设备、智能织物、功能涂层等众多领域的应用。

二是作为一种典型的碳材料，碳纳米管在高温有氧的环境中容易燃烧，这严重限制了其在飞行器外壳、武器装备等众多涉及高温有氧环境中的应用。

如何实现碳纳米管的彩色化以及阻燃性能的提升是该领域尚未解决的难题，也是我一直以来的心愿。

在一次偶然的实验中，我们在碳纳米管表面沉积了一层纳米级厚度的氧化物薄膜，发现它竟然呈现出了绚丽的色彩！我们进一步研究其机理，发现碳纳米管呈现的彩色是由于表面的薄膜与光发生相互作用带来的结构色的效果（物体表面或内部具有某种特殊的微观结构，可以改变光线的传播方向和强度，从而让我们看到不同的颜色，这就是结构色）。

这种颜色产生的机理与阳光下的肥皂泡、水面上的油膜呈现彩色是类似的。

在后续的研究中,我们通过调整表面薄膜的厚度,得到了色彩丰富的碳纳米管纤维,解决了"超黑材料"碳纳米管的致色问题。而且,这种结构色材料还能充当"防火衣",使得碳纳米管纤维具有非常优异的阻燃性能。最终,该成果发表在国际顶级学术期刊《科学进展》(Science Advances)上,并被评选为期刊特色论文。

有志者,事竟成

我经常跟我的学生说,我们多是普通人,要想取得成功,就要多看、多听、多学、多想。只有那些目标坚定、意志坚强、做事执着的人,才能取得最终的成功。正所谓"有志者,事竟成",也正是这种信念支撑着我不断克服困难,朝着一座座"高山"进发。

作为一名博士生导师,如何正确引导学生,如何对学生进行全方位的培养,是我一直在思考和践行的课题。我一直坚守清华大学所提出的"价值塑造、能力培养、知识传授"三位一体的育人理念,努力将学生培养成优秀的人才。

科研、教书、育人,这些都是我的日常,虽然看似枯燥,但我乐在其中!

成为计算机科学家

　　计算机科学家是专门从事计算机科学理论研究与开发的科学家,他们致力于创造和理解计算的基础原理,包括算法、数据结构、编程语言、软件工程、人工智能、数据库系统、人机交互、网络安全、计算理论等多个领域。

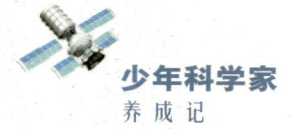
少年科学家养成记

少年计算机科学家养成记

王晓茹（北京邮电大学计算机学院）

试想一下，现在的你能突然编写出让汽车自动驾驶的程序吗？大概率是不可能的！要想成为一名计算机科学家，不仅要系统地学习数学和计算机学科知识，还要通过实际操作练就工程实践能力，更要在学习和实践过程中形成计算思维的能力。小小的你，是不是觉得这简直是难如登天的事？来看看北京邮电大学计算机学院的王晓茹是怎么做的吧！

从一个兴趣点，出发

万事开头难！计算机学科是一门综合学科，也是一门交叉学科，涉及的知识种类繁多、纵横交错、关系繁杂。很多初学者尤其是中小学生，对于如何开展学习毫无头绪，甚至望而却步。

此时的你，不妨在现实生活中找出一个兴趣点，以此作为打开计算机学科学习大门的钥匙。

例如，你对无人驾驶汽车技术很感兴趣，特别想知道汽车能够自动驾驶的原理，那么，你就可以借助这个兴趣点，尝试先从科普知识入手学习，再逐步递进，深入学习相关的知识技术，层层揭开自动驾驶的秘密。

在这个过程中，你会发现汽车要想自动驾驶，需要像人一样，先要对路况环境进行感知，再对所感知到的数据（路况）进行处理和判断，进而由计算机的'大脑'（CPU）产生各种指令来控制汽车，如刹车、避让等。

渐渐地，你就会乐此不疲地去学习《传感器工作原理》，学习《计算机操作系统》中的原理，学习《计算机体系结构和组成原理》，学习……

孔子曰："知之者不如好之者，好之者不如乐之者。"兴趣是最好的老师，也是支持你成为计算机科学家的最大动力！

练中学，实践出真知

实践出真知！要想成为一名计算机科学家，光学不练可不行！

例如，通过理论学习，你了解传感器可以通过计算机视觉技术识别红绿灯。但是，在实际环境中有很多绿色或红色

少年科学家
养成记

的干扰物，仅凭一个颜色传感器是无法做到无差错识别的！因此，你想到了增加辅助手段提高判别能力。这些辅助手段也不能简单地叠加进去，还需要编写一个算法，用这个算法区分主次，进而作出正确识别。这些经验远不是通过理论学习就能得到的！

所以，你可以尝试用小时候玩过的玩具车，自己搭建一个简单的智能小车。

首先，你要进行需求分析：小车要能够自动驾驶，能够按照地图上事先指定的路线行驶，红灯停绿灯行，遇到障碍物要避让，遇到行人要停让……根据这些需求，你要设计出相关的功能，针对这些功能再选择所需的硬件，如传感器、单片机等。在这个过程中，你已不知不觉地践行了所学的《软件工程》中的理论知识。

配备完了硬件，你发现，还需要设计相关的算法，这些算法需要用到你所学的《算法设计与分析》中的一些知识。当然，你还要用所学的《离散数学》《矩阵理论》中的知识以及编程语言，如《Scratch编程》《Python编程》《C\C++编程》，或《数据结构》《单片机编程》等将这些算法加以实现……古人云："知之愈明，则行之愈笃；行之愈笃，则知之益明。"

当这辆"废物利用"的小车"交付上路"之时,你业已无缝地将计算机学科的这些知识都串联起来了!更重要的是,你已经形成了计算思维,能够运用计算机技术去执行人类构造和表达问题的思维过程!

成功,重在坚持

凡事均始于兴趣,终于坚持!

在计算机科学家成长的道路上,每个人不可避免地会遇到各种各样的困难挫折,顽强的意志力是我们不可或缺的品质。

同时,我们还要学会借助人工智能的力量来帮助我们完善所需的知识和技术。例如,当你遇到一个问题不知使用何种技术解决时,你可以与ChatGPT(一种聊天机器人软件)聊聊你的困惑,让它帮你推荐一些技术和经验,或许就能让你产生灵感的火花!

生而知之的,是本能;学而知之的,是知识;践而知之的,是能力!当你把这篇文章读到这里的时候,是不是已经产生了跃跃欲试的冲动?不要再犹豫了,快快把你的玩具车找出来……

计算机科学家的科研日常之智慧城市

张珑（天津师范大学）

近年来，随着"智慧城市"概念的逐渐成熟，一些具备了智慧应用生态圈的城市应运而生。然而，想要让城市治理体系和治理能力真正"智慧"起来并不容易。建造一座21世纪的智慧城市，需要计算机科学家贡献哪些力量呢？让我们跟着天津师范大学的张珑走进中新天津生态城（以下简称"生态城"）的智慧城市建设中，一起去寻找答案吧！

构建城市生命线

在生态城的建设中，我们团队负责研发智能应急管理平台。对于一座城市而言，应急系统就是它最重要的生命线之一。就像人体有自身的应急反应机制和免疫系统来应对突发状况和疾病一样，城市也需要有强大的应急系统来应对各种灾害、

突发事件和紧急情况。相较于传统的应急系统，智慧应急系统具有更高的智能化和自动化水平，能够更精确、更快速地应对灾害和突发事件，从而更好地保障城市和居民生命财产的安全。

基于人工智能技术，我们需要对应急预案进行电子化与分析，从而实现预案库和知识库的构建、分析结果的可视化等服务。除此之外，还要为应急管理工作提供一系列应用服务，这也离不开计算机工作者的构建。

接入城市数据中心物联网平台，我们可以实时获取关键区域的各种传感器数据，也能实时监测灾害风险、气候变化和环境污染等情况。通过综合分析这些海量的环境数据，我们建立起了应急事件自动触发模型。

这些工作，都是为了在面对自然灾害、社会安全等事件的时候，能够让各相关部门在第一时间获取最佳应急预案，同时依照应急预案将决策在最短时间里传达到各个相关职能部门。尤其是关系到人民生命财产安全的紧急指令，可以在 1—3 分钟内下发到事件处置部门，极大地提升了各部门应对突发事件的能力和应急管理工作的水平。

智慧平台来之不易

2019 年 11 月，我们便开始了对生态城智能应急管理平台的研发。当时，世界上还没有一个较成熟的系统可以让我们借鉴，因此，我们必须从头开始做需求分析、可行性分析、技术选型和系统迭代设计等工作。为此，我们必须与多方人员反复沟通，以确定系统的具体功能和业务流程；需要与多位应急管理专家沟通，确定标准规范、专业知识和最佳实践，从而优化系统设计并提高系统的普适性和可扩展性；还需要向生态城其他智慧平台的开发单位和运营单位申请数据权限等。

同时，因为生态城建设还在逐步完善中，所以部分地图数据不完整，数据权限管理较为复杂，公共设施及消防设备等基础数据不全面，这就给系统平台的开发研制带来很大挑战。团队成员迎难而上、团结协作，一边加强与相

关单位人员的交流沟通合作，一边加强自身的专业知识学习。

除了计算机方面的知识，我们还必须快速学习掌握应急管理方面的专业知识。经过整个项目研发阶段的不断学习和历练，计算机科学家也成长为半个应急管理专家，虽然不易，但也只有这样才能设计出一个高效的、普适性好的、容易扩展的应急管理系统。后续事实也证明，我们设计开发的系统不仅能完全满足生态城智慧应急管理的实际需求，还成功推广应用到全国多个城区和多家企业的应急管理工作中。当自己的心血获得了十足的肯定，这种成就感是不言而喻的。

应急管理平台的研发诚然不易，但平台的建设并非只有初期的研发，我们需要一直维护、不断升级智慧应急系统，让智慧平台更智慧——这便是计算机科学家的工作。因此，在日常科研中，我们必须坚持学习，不断追求创新和突破，提供更好的解决方案，致力于解决实际问题，为社会和用户带来真正的价值。望你努力学习，欢迎在未来加入我们的队伍，研发更多智慧的系统，为人类的美好未来添砖加瓦！

成为细胞生物学家

细胞生物学家是专门研究细胞结构、功能、生长、分裂、信号传导、遗传信息传递以及细胞与环境相互作用等领域的科学家。他们通过实验和理论分析，探究生命最基本的单位细胞的奥秘，并在分子层面上解析生命活动的规律。这一学科对于理解生命现象的基础过程至关重要，对医学、药学、农业、环境保护等诸多领域的发展都产生着深远影响。

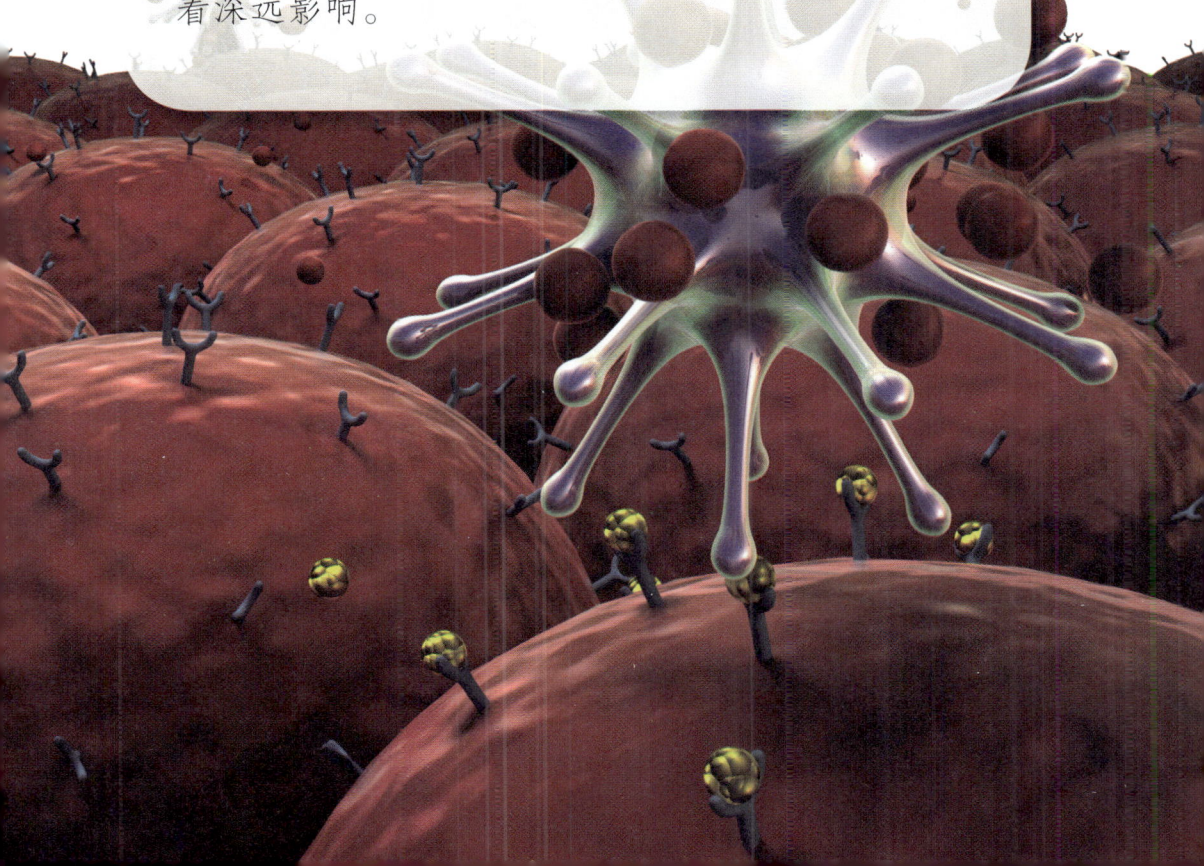

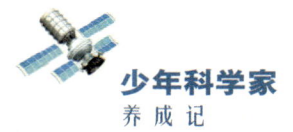

少年细胞生物学家养成记

贾敬好（华北理工大学附属医院）

每个人的身体里都有数十万亿个勤劳工作的细胞，每一个细胞都是一个小小的世界，包含着生命的起源、生长和繁衍的奥秘。什么是细胞？细胞有什么作用？什么是细胞生物学？成为细胞生物学家的必要条件有哪些？让华北理工大学附属医院的贾敬好来为我们一一解答吧！

什么是细胞？细胞有什么作用？

细胞是活体组织的基石。地球上的一切生物（除病毒外），无论是我们看得到的花草树木、飞禽走兽，还是我们看不到的细菌等微生物，都是由各种各样的细胞构成的。

细胞就像盖房子用的砖，砖是构成一幢房子的基本单位，细胞则是构成身体的基本单位。身体的任何器官，像心脏、肝、肺、脾、肾等都是由细胞构成的。最直观的就是我们在医院做化验时，化验报告单中常见的红细胞、白细胞、血小板等，这些都是细胞。

在人体中，细胞负责各种各样的任务，例如调节生殖、呼吸、消化、排泄等系统的功能。它们也承担着运输物质、分泌激素和维护免疫系统等任务。在体内的所有生物组织中，细胞的生命力是至关重要的，它还有组成器官、传递信号、参与生殖、参与代谢等作用。

如果有一天，世界上不存在细胞了，包括我们人类在内的所有生命必将消亡，所以，细胞又称为生命的基础。

什么是细胞生物学？

细胞生物学作为现代生物科学的一个重要分支，通过对细胞基本生命活动规律的研究，使我们可以深入了解生命现象的本质，并为疾病的诊断、治疗和预防提供理论依据。细胞生物学已经成为生物学研究的重要基石，与分子生物学、发育生物学、神经生物学等多个领域相互交叉，共同推动着生命科学的发展。

生命探索无止境

很多传染病防治的成功，都离不开细胞生物学等领域的技术进步。对细胞功能的研究探索是解决人类疑难疾病的重

要基础,也是细胞生物学家一直研究的方向。

医学无止境。我自毕业以来一直从事着抗癌医学工作,工作期间考取了临床医学博士。后来,又去了中国医学科学院进修,以不断精进自己的业务能力,拓宽专业视野,为癌症患者提供更好的治疗技术。进修期间,我常常在医院、实验室一待就是好几个月;跟导师交流病例分析和科学研究,有时连续工作达十几个小时。当然,我也有过沮丧和困惑,但每每看到医学进步挽救了更多人的生命,就会觉得再多的辛苦都是值得的。

成为细胞生物学家的必要条件

首先,你需要打好生物学和化学基础,因为细胞生物学是生物学和化学的交叉学科。学习生物学时,要关注细胞结构、功能和生物学过程;学习化学时,要重点关注生物化学和分子生物学。在基础课程之后,你需要学习更高级的课程,如细胞生物学、遗传学、生物信息学等,以帮助你深入了解细胞生物学的各个方面。

你还需要多阅读经典的细胞生物学文献,了解当前的研究前沿和动态。开始时,可以阅读综述文章和教材,了解领域内的基本概念和理论。随着你对该领域的了解加深,可以逐渐阅读原始研究论文。

实验室实践则是成为一名细胞生物学家的关键。寻找实验室实习机会，如学校实验室、科研机构或生物技术公司。在实验室中，你可以学习细胞培养、显微镜使用、分子克隆等实验技术，并参与课题研究。

参加国内外生物学竞赛，例如国际生物奥林匹克竞赛、全国青少年科技创新大赛等，可以提高你的学术水平和实践能力。此外，加入生物学相关的学术社团或志愿者组织，参与讲座、研讨会等活动，拓展你的学术视野和人际网络。

还有，要寻找一位在细胞生物学领域有丰富经验的导师，向他请教问题、汇报研究进展和寻求职业发展建议。导师的指导能对你的成长起到关键作用。

总之，成为一名优秀的细胞生物学家需要时间和努力。需要保持对学术的热爱，不断提高自己的知识水平和实践能力，积累研究经验。

细胞世界的复杂和神秘激发着人类的好奇心。探索和研究，可以使人类更深入地了解细胞的功能和特性，为研究新药物和医学进步提供新的机遇。让我们一同探寻神奇的细胞世界，探索身体内微观世界的生命奥秘，感叹生命的伟大和神奇。

细胞生物学家的科研日常之目标蛋白

彭瑶（上海科技大学 iHuman 研究所）

上海科技大学 iHuman 研究所的彭瑶正在实验室中焦急地等待实验结果。之前的多次激光衍射实验都以失败告终，再一次尝试结果如何？这时，电脑屏幕显示了最新传回的数据——这一次终于成功了！这就是细胞生物学家的科研日常——有失败的沮丧、有等待的忐忑、有坚持的决心，更有新科研成果即将诞生的激动和喜悦。

人体细胞的"信号兵"

G 蛋白偶联受体是人体细胞表面上的"信号兵"。作为一种重要的蛋白质，它们与人们的日常生活息息相关，负责将细胞外部信息传递到细胞内部，广泛参与人体状态调节。

针对这一特性，人类可以研发出靶向（药物分子对细胞的定向作用）于这些蛋白的药物——G 蛋白偶联受体就像锁具，靶向

于这些蛋白的药物则像钥匙。"钥匙"插入了对应的"锁孔"后,就像触发机关一样,G蛋白偶联受体立马开始工作,将细胞外部的信息传递到细胞内。

G蛋白偶联受体是一个庞大的家族,其中,名为五羟色胺2C的受体蛋白负责调控人体情绪、食欲、睡眠、记忆等多个重要生理状态。它们成了我们研究的首要目标。

给蛋白质"拍照片"

想要对五羟色胺2C(以下简称"目标蛋白")知根知底,就需要给它们"拍"一系列三维"照片",了解它们的结构。可这些目标蛋白紧紧依附在细胞膜上,体形也非常微小,想要给它们"拍照"可并不简单。那么,我们是怎么做的呢?

挑选"模特"

首先,我们需要获得大量、有效的目标蛋白。如果取用人体细胞的目标蛋白进行研究,不但不符合伦理,而且数量极其有限。因此,我们需要通过克隆的手段,在离体细胞(体外培养的细胞)上获取有效的目标蛋白。

在这一过程中,我们首先要让目标蛋白对应的基因(以下简称"目标基因")进入离体细胞,使其能够表达出目标蛋白。但是,离体细胞自身会将目标基因识别为外来基因,并对它的入侵表示"抗议"。因此，我们需要把目标基因"包装"好，"隐藏"在无毒杆状病毒中。病毒就像特洛伊木马一样，携带我们的目标基因进入离体细胞内，逃避细胞对它的检查，离体细胞便能够顺利表达出我们所需要的目标蛋白了。

目标蛋白被表达出来后，你会发现它身上有一面"小旗子"。这是我们提前设置好的标签，用来区别目标蛋白和其他非目标基因表达的蛋白，目标蛋白因而可以被纯化。

找准"拍照姿势"

找到了"模特"后，还要让它们"摆'出最完美的"姿态"——结晶状态。对纯化后的目标蛋白进行结晶处理，可以让它们形成有规律的重复排序。为了让蛋白质结晶，我们会尝试数百种目标蛋白喜欢的溶液环境，让它们能够在舒适的"游泳池"里集合、排队，形成有序队列。

"咔嚓"

最后一步，就是"按下快门"得到目标蛋白的"照片"了。获得了目标蛋白的晶体后，我们就可以用强 X 射线激光对其衍射，从而得到目标蛋白的结构数据。

事实上，每一次克隆、表达、纯化、结晶实验都要持续一两个月，一旦失败就需要从头再来。经过两年半的时间，最终我们的研究成果刊发在国际顶尖科研期刊《细胞》上，我们团队也成为国际上第一个解析了五羟色胺2C受体蛋白结构的科研团队。

科学研究的美妙

每一次向他人介绍自己的研究领域时，我总是难掩对细胞生物学的热爱——那些微小细胞中的无数蛋白质分子，操控着如此精密的人体。而这些蛋白质又是如此复杂，要是能解析它们的结构、摸清它们之间如何相互作用，甚至在此基础上开发出新的药物，该是多么有成就感的事啊！向医生了解临床需求和难题，了解药物研发企业的药物设计思路，将科研成果转化成临床药物……这些内容也成为我工作的一部分。

在科研过程中，那些重复、烦琐的实验工作总是难以避免，但我认为，任何伟大的事业都是由小事累积起来的。那些能运用耐心与智慧将这些小事做好的人，终会找到自己事业的方向！

知识链接
获取目标蛋白结构的实验过程

将目标基因安装在无毒杆状病毒载体上

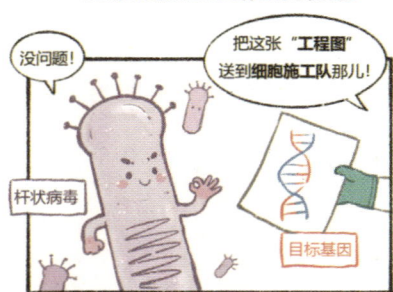

杆状病毒侵染离体细胞，将目标基因导入细胞

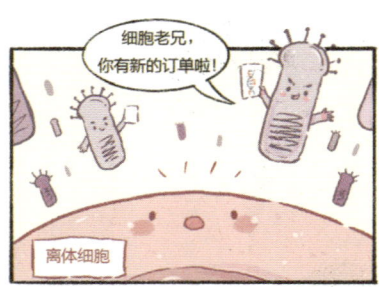

目标基因在离体细胞中表达

离体细胞生产目标蛋白，标记目标蛋白进行纯化

选择适合的溶液进行蛋白质结晶

激光照射蛋白，解析内部构造

绘图 / 詹鑫婕

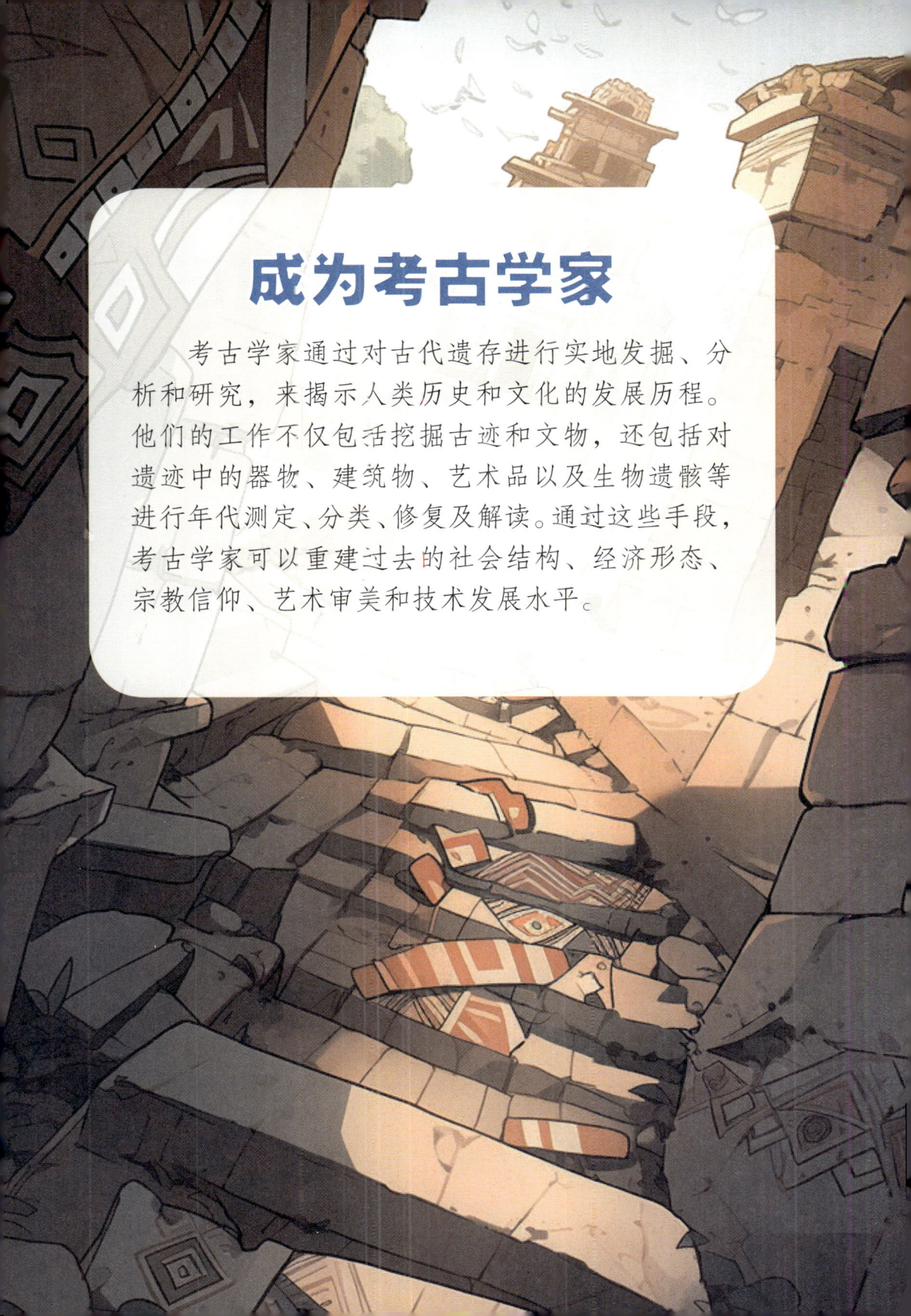

成为考古学家

考古学家通过对古代遗存进行实地发掘、分析和研究，来揭示人类历史和文化的发展历程。他们的工作不仅包括挖掘古迹和文物，还包括对遗迹中的器物、建筑物、艺术品以及生物遗骸等进行年代测定、分类、修复及解读。通过这些手段，考古学家可以重建过去的社会结构、经济形态、宗教信仰、艺术审美和技术发展水平。

少年科学家养成记

少年考古学家养成记

于春（西北大学文化遗产学院考古系教授）

博物馆中，一件件精美绝伦的文物正"讲述"着它们的前世今生；打开电视机、走进影院，影视作品将一幕幕恢宏、庞大的历史场景复现在你眼前。为中国几千年文明史自豪的同时，你有没有对考古产生憧憬？考古工作到底是什么样子的？考古学家都在研究什么？如何成为一名考古学家？来听听西北大学文化遗产学院考古系教授于春的讲解吧！

从考证古物到探索古代人类秘密

为什么北方人喜欢吃面食，南方人却更爱吃米饭？如果回到500年前，你会吃什么样的饭菜、穿什么样的衣服？古人住什么样的房子，乘坐什么交通工具？当你对这些人、事、物好奇，想去一探究竟的时候，你已经拥有了成为一名考古工作者的潜质。

考古一词来源于中国古代的"金石学"（形成于北宋时期，开创者为唐宋八大家之一的欧阳修。"金"主要指青铜器及其铭文，"石"主要指石刻上的文字），本义为"考证古物"。现代考古学诞生于19世纪的欧洲。1921年，考古工作者在中国河南省对仰韶遗址进行考古发掘，正式拉开了中国现代考古学的序幕。现代考古学不再局限于"考证古物"，而是延伸至更广阔的领域。

连接过去和未来

现代考古学的研究范围更加广泛，研究方法也更加丰富。除了传统的地层学、类型学、文献学等方法外，越来越多的现代科学技术也被运用到考古学的相关研究中。例如，将高分子生物学技术应用到考古学领域后，考古工作者就可以"读取"古生物的DNA。

2010年，考古工作者确认了一种新的古人类种群，因其骨骼化石发现于丹尼索瓦洞穴遗址（位于俄罗斯西伯利亚南部阿尔泰山脉地区），所以将其命名为"丹尼索瓦人"（生活在距今20多万—5万年前）。2013年，研究人员在对一块距今约10万年的丹尼索瓦人小指骨化石进行研究时发现，其骨骼中存在一种特殊的基因，这种基因能够刺激血液中红细胞的生成、提高血红蛋白的含量，帮助人类适应高原缺氧

环境。令人惊讶的是，现在依然能从藏族人的基因中找到它的身影。

与之遥相呼应的是，早年在中国白石崖山洞（位于甘肃省夏河县，海拔 3200 多米）中发现的一块古人类下颌骨化石——距今至少有 16 万年的历史。2019 年，考古工作者在对该化石进行全面、综合的研究后，确认其属于一支生活在青藏高原的丹尼索瓦人，这一发现将青藏高原史前人类活动的历史推至 16 万年前。原来那时就已经有古人类踏上高原，长期生活在这一地区了。而且，丹尼索瓦人特殊的高原缺氧适应性基因，很有可能是在青藏高原地区生活时形成的。

成为考古学家的必要条件

在影视作品中,考古工作者时常进入无人知晓的地下宫殿,寻找其中神秘的宝藏。与这些虚构的故事相比,真实的考古工作是低调而辛苦的——田野考古依然是考古工作最重要和最基础的部分,因此考古工作者要与昆虫为伴、在泥土中"摸爬滚打"、与阳光和疲倦"针锋相对"。

在大学三年级时,考古专业的本科生会进行为期4个月的田野考古实习。这如同一道分水岭——经历了田野考古实习后,有的同学会彻底爱上考古,并不断探索;有的同学则因不能适应野外工作的辛苦,最终选择离开这个专业。

田野考古工作不仅需要"动若脱兔",还需要"静若处子"——不仅要对出土的所有文物进行清理、保护和整理,还要"刨根问底"。例如,上文提到的那块丹尼索瓦人的下颌骨,需要考古工作者对其进行多年的研究。这些工作需要足够的耐心,通过了这一关,便又离考古学家的梦想近了一步。

在数百万年间,有多少人类种群匆匆来过,于地球上留下属于自己的痕迹。考古工作者用手铲撬开地球历史一角,让今人能一窥古人的生活。但远方仍有无数未知等待着被发现,希望憧憬考古的你有机会来到这个领域,写下属于你的考古故事。

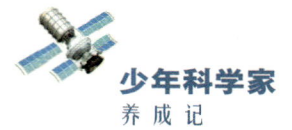

考古学家的科研日常
之 植物考古

蒋洪恩（中国科学院大学）

植物考古学是一门相对小众的学科，是植物学与考古学的交叉生长点。它的研究对象是在遗址或墓葬中发现的种子、果核或木材等植物遗存。植物考古学家是如何获得这些植物遗存的？又是如何研究这些植物遗存的？让中国科学院大学的蒋洪恩来为我们揭开植物考古之谜。

寻找植物遗存

欲进行植物考古，首先要找到古代植物种子、果核或木材等植物遗存。它们属于有机物，在常规条件下容易腐朽。那么，在数千年"高龄"的遗址或墓葬中，植物种子、果核或木材有机会遗留下来吗？尽管答案是肯定的，但古代植物的保存却需要特定的条件。

在被埋藏前，有些植物遗存因被火烧而碳化，其理化性质变得十分稳定，在埋藏环境中不易腐朽；有些植物遗存在出土之前，一直泡在地下水中，并且长期与空气隔绝，也幸运地被保存下来了。

我研究过的南昌西汉海昏侯墓内保存的植物种子，因一直泡在地下水中，被发现时仍然很"新鲜"。南西伯利亚的有些墓葬建造在常年冻土层中，动植物遗存在冰冻的环境中也被保存得很好。最有意思的是那些埋藏在干燥环境中的植物遗存。我在新疆吐鲁番第一次见到保存完好的植物遗存时，被惊得目瞪口呆：尽管已经过去了 2000 多年，但是得益于特殊的干燥环境，这些植物遗存依然象刚刚被放进去时一样，没有腐朽或变形。

获得考古发掘领队的允许后，我们即开始进行古代植物遗存标本的采集工作。对于体积较大的标本，可直接徒手收集；对于体积较小的标本，一般采用筛选法获得。

筛选法可分为水洗法和干筛法。

在较为潮湿的遗址或墓葬中，植物种子、果核或木材等与泥土混为一体，因此比较适合采用水洗法。

对于干燥遗址中的植物遗存，我们一般采用干筛法。

挑选植物遗存

通过水洗或干筛后得到的种子、果核或木材等植物遗存，往往与小石子、小土块等混合在一起，需要人工将它们分开。有些种子体积较小，仅凭肉眼难以与其他物体区分，

因此要在体视显微镜下进行挑选。

体视显微镜通过复杂的光学转换，可将物体放大上百倍，远远优于普通放大镜。另外，有些体视显微镜还连接着数码相机，可随时拍照。植物种子具有特定的形态，在体视显微镜下"无处可逃"。研究人员用镊子将种子、果核或木材等从混合物中挑出，并放入样品柜中专门保存。

从遗址内获得的植物遗存一定是当时埋藏的吗？答案是否定的。由于多方面的原因（例如鼠害等），遗址内的植物遗存有后期混入的可能。为了排除这种可能，需对植物遗存进行年代学测定。另外，为了明确遗址或特定遗迹的年代，考古学家也偏爱使用植物遗存进行年代学测定。现阶段，考古学家主要使用加速器质谱法（AMS）进行碳十四放射性同位素测年。该方法因具有用量少、速度快、准确度高等优势而备受青睐，测年的极限可达 5 万年左右。

鉴定植物遗存

当我们把植物遗存从筛选出的混合物中分离后，要对这些种子、果核或木材等进一步鉴定。只有准确地鉴定，我们后续进行的研究才有意义。

种子、果核的鉴定，主要是在体视显微镜或扫描电子显微镜（SEM）下观察它们的形态学与解剖学特征，通过对比

工具书、在线数据库或现代标本，确定它们的种属。必要时，我们还要去中国科学院植物研究所国家植物标本馆，与馆藏的现代植物标本进行比对。木材的鉴定，主要是通过对比木材的3个切面（横切面、径切面、弦切面）特征的组合，确定木材的科属。

当完成鉴定后，最重要的一环来了，那就是探讨这些植物遗存的科学意义。植物是人类最早利用的自然资源之一，先民所采集或种植的谷物、水果、蔬菜全都源于植物，织布所用的纤维、建造房屋所用的原料大部分源于植物，治疗疾病所用的草药，制作车辆、弓箭等所用的材料，也与植物息息相关。

那么，先民是怎样栽培和利用这些植物的？哪些植物是中国本土起源的？哪些是从其他地区传播过来的？通过对植物遗存进行一系列的研究，可以帮助我们追溯先民栽培与利用植物的历史，更好地理解古代东西方之间的植物交流。

植物考古学是一门迷人的学科。通过它，我们能更好地了解人类与植物之间的关系，以及古代社会的发展和变迁。这门小众的学科为我们打开了通往过去的大门，让我们更加接近历史的根源。

成为水文地质学家

水文地质学家是专门研究地下水系统及其与地表环境相互作用的科学家。他们的主要工作包括水文地质条件调查、地下水资源评价、地下水质量评价、地下水环境地质问题研究等。水文地质学家通过科学方法和工具,深入地下,探索地下水的流动规律,评估地下水资源的数量和质量,提出保护和合理利用地下水资源的建议。

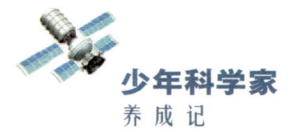

少年水文地质学家养成记

王文中　郑昭贤（中国地质科学院水文地质环境地质研究所）

地下水是地球上最宝贵的资源之一。水文地质学，就是研究地下水资源的形成、分布和流动的学科。如果想成为一名水文地质学家，我们应该做哪些准备？学习哪些知识？听听中国地质科学院水文地质环境地质研究所的王文中、郑昭贤是怎么说的吧！

地下水资源的评估师和守护者

地下水是什么？它隐藏在地球内部的神奇世界里，存在于地下的土壤和岩石间，是地球的秘密宝藏之一。被誉为"天下第一泉"的趵突泉泉水、中国古代3项伟大工程之一的坎儿井井水、有千姿百态钟乳石的地下暗河河水，都属于地下水。地下水就像地球的地下蓄水池，秘密地流动、滋养着地球上的生命。

水文地质学家示用科学方法，通过使用科学工具，深入地下探索地下水的流动规律，评估地下水资源的数量和质量，提出保护和合理利用地下水资源的建议。

认识地下水，喜欢上水文地质学

小时候的我，对地下水一知半解，进入大学后才慢慢了解。大学课堂上，老师讲述地下水就像地球的血液，与其相关的水循环保障着生态系统的活力，维系着地球生命的延续。听到此处，我深有感触。这也让从小立志学医的我转念想当一名地球"医生"——水文地质学家。

我参与的第一个科研项目，是研究受污染的地下水中哪些微生物种群丰富，优势种群的微生物主要利用地下水中的哪些营养元素繁殖，以此培养可降解地下水污染物的专门菌株。研究中，我们先在野外把看不见的地下水用专业方法抽出地表，再在实验室把看不见的微生物培养到肉眼可见——这些都极大提高了我对水文地质工作的兴趣。

此外，随着阅读大量的研究文献，我逐渐认识到，水文地质学家为净化和保护地球的"血液"，所肩负的责任和付出的努力。一颗向往地下水研究的种子，在我心中悄悄生根发芽。

跋山涉水,勇攀科研高峰

研究生毕业后,我来到中国地质科学院水文地质环境地质研究所继续探索水文地质的秘密,也开启了水文地质学家的征程。

水文地质的第一手数据都来源于野外研究区,所以我们每年花大量时间开展野外工作。这些工作主要有野外调查、探测、监测、采集样品和原位试验等。通过数据分析,我们可以查明含水地层的结构、地下水的补给、径流和排泄、关键水文地质参数和地下水的化学成分,以此研究地下水的流动、数量和质量。

科研道路上,我们在野外与岩石相伴,在实验室与数据相依,付出了艰辛的努力,也收获了丰硕的成果与满满的快乐。因为对水文地质学的热爱,我们坚持不懈地攀登;因为初心不改,我们将继续探索前进!

成为水文地质学家的必要条件

如何成为一名水文地质学家?

首先,青少年时期培养科学兴趣和好奇心至关重要。你可以通过阅读有关地质学和水文学的科普书籍、参观地质博物馆或观看科学纪录片,来增加对地球科学的了解。

其次,要具备一定的科学基础知识,特别是地质学和水文学方面的知识。你可以在学校或图书馆中寻找相关学习资源进行深入学习,尤其要注意掌握地球的构造、岩石的形成和水的循环过程等知识。

此外,从事水文地质学工作不仅需要经常到野外做调查和做实验,还需要参加学术会议,与各国水文地质学家进行学术交流。所以,培养良好的身体素质、锻炼逻辑缜密的自我表达能力、掌握能与国外学者沟通交流的英文非常重要。

地下水资源是人类赖以生存的重要资源之一。我们要意识到地下水资源的珍贵性,积极参与地下水资源的保护行动。如果你也对水文地质学感兴趣,那么就从现在开始不断学习和进步,走进这个富有挑战但又充满科学趣味的领域,相信自己的梦想,为未来解决全世界地下水资源问题冲锋向前,贡献出自己的一份力量吧!

水文学家的科研日常

许钦（南京水利科学研究院）

水文学家是通过研究水的起源、存在、分布、循环和运动等规律，并运用这些规律为人类服务的科学家。水文学有怎样的历史渊源？水文学家平时又是如何进行科研工作的呢？请南京水利科学研究院的许钦来为我们讲解讲解吧！

水文学由来已久

水文学的英文是Hydrology，前缀"Hydro"来源于希腊语，是水的意思，词干"log"是研究的意思，所以研究地球上水的学问称为水文学。这与天文、地文（最早称地理，现今为地学）、人文等名称的由来如出一辙。

北齐文学家刘昼在其著作《刘子·慎言》中写道："日月者，天之文也；山川者，地之文也；言语者，人之文也。天文失，

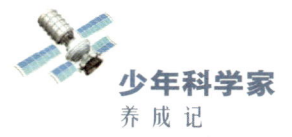

必有谪蚀之变；地文失，必有崩竭之灾；人文失，必有伤身之患。"这说明，人类自古以来为了更好地生存，一直在探索和研究水文学，而这种来自社会的需求也为水文学的发展提供了动力。

人类探索除水害、兴水利的历史，一如人类的文明史那样悠久。在社会发展的各个时期和阶段，每当出现"水问题"时，水文学总能承担起解决国计民生的大任，并通过实践运用和检验，不断将其提高到新的水平。

从商代甲骨上占卜水灾的卜辞，到战国时期修建的都江堰；从宋代的水则碑（观测水位所用的标尺，同时是历年最高洪水位的原始记录），到清代的志桩（水尺），无一不展示了中华民族千百年来水文观测技术的进步。如今，我们已经进入推广水文测验现代化技术的时期，但是工作环境仍然较为艰苦，仍需要科研人员不畏艰难，用自己的智慧和汗水促进水文学发展。

水文学研究什么？

水文学是地球科学的一个重要分支，是探索地球上水的起源、存在、分布、循环和运动等规律，并运用这些规律为人类服务的一门学问和知识体系。它与许多自然科学关系密切——要研究降水、蒸发，就需要了解气象学、气候学、植物学方面的知识；要研究入渗，就需要了解土壤科学；要研究地下径流、地表径流、河川径流，就离不开地质学、地貌学以及流体力学。

而且，除了要研究水，还要研究水中的各种物质，因此物理、化学等方面的知识是必需的——用以计算水中各种成分的输移、衰减、扩散、沉淀。可以说，要研究水文学，就要广泛地学习各种自然科学知识。

此外，水文现象的影响因素往往十分复杂，许多水文过程难以用严格的演绎推理来处理。而且，人们在长期实践中积累的大量规律性认识，也大都不能用数学、物理方程表示出来，因而只能视为局部经验。

常言道"处处留心皆学问"，在生活中只要留心，处处可以观察到奇妙的水文现象。在观察中去思考问题，并通过更进一步的观察与学习去解答疑问，久而久之，螺旋式上升，定会有所收获，养成良好的科研习惯。如果你也有成为水文学家的想法，不妨从当下做起，仔细观察身边的水文现象。

重走往日路,知识代代传

滁州实验基地占地80余亩(1亩约等于666.667平方米),是中国目前唯一的国家重要水文实验站,也是国家防汛抗旱总指挥部抗洪抢险实验基地——建设有抗洪抢险试验场,用来为抗洪抢险提供实战演习。此外,滁州实验基地还建有土柱实验室——土柱实验通过收集土壤,在实验室内可以模拟土壤中水文情况、污染物迁移规律,被广泛应用于农业、林业、水利、环境等研究领域。

成为硕士研究生指导教师后,我曾带学生去南京水利科学研究院滁州实验基地参观、实习。和同学们再次走在往日去往实验室的路上,心里有着不同于以往的兴奋和激动,让我回忆起当年我初入水文学大门时,跟在前辈身后参观学习的日子。在这个过程中,自己也从知识的学习者,变成了知识的传播者,水文学就是在一代代水文学工作者的交接中不断发展与完善的。

水文学与我们息息相关,只有深入地研究水,并总结其规律,才能更好地趋利避害。我辈应秉承前辈严谨的治学态度和为科学献身的崇高理想,积极投身水文事业,为水文学不断发展、蒸蒸日上的理想奋斗终生。

成为海洋地球物理学家

海洋地球物理学家是专注于研究海洋内部结构、海洋地壳和上地幔地质构造、海底地貌以及海洋与地球动力学之间相互作用的科学家。他们运用地球物理学原理和技术,如地震探测、声呐测深、电磁测量、地磁和重力场测绘等方法,来揭示海洋深处的秘密。

少年科学家养成记

少年海洋地球物理学家养成记

尉佳（中国地质调查局青岛海洋地质研究所）

每一位未来的海洋地球物理学家，你们将有机会运用先进的地震波探测技术，倾听地壳深处的故事；通过精密的声呐设备，测绘出神秘的海底地貌；用你们手中的仪器揭开深海矿产资源的面纱。跟着中国地质调查局青岛海洋地质研究所的尉佳朝梦想奋进吧！

用物理之法"切开"地球

如果我们将地球想象成一个大大的蛋糕，用"刀"将它"切开"，就会看到：最顶上是蓝色的海水层，海底有高高的山峰和深深的海沟，有些地方撒满了巧克力豆般的铁锰结核；海底以下是层状的，有的藏着动物形状的"橡皮糖"化石，有的填满了巧克力酱似的石油，还有的布满了坚果碎般的岩石……它们层层罗列，忠实地记录着所对应年代的故事。

但地球如此之大，我们能从哪里找到"切开"地球的"刀"呢？海洋地球物理学家给出了答案。

海洋地球物理学家根据声波在不同物质中的传播属性差异，通过人工方法激发声波，获取不同地层反射回来的声波信号，从而得到地下地层的地质信息。简而言之，海洋地球物理学家找到的是一把"声波刀"。

乘风破浪抽丝剥茧

2012年，中国海洋强国战略首次完整提出，吾辈深感责任重大。我又是在海边长大的，一直对海洋深处充满兴趣。

祖国的需要是强大的动力，兴趣是最好的启蒙教师。于是，我结合本科学的物理学专业，选择攻读中国海洋大学的海洋地球物理学专业研究生。读研期间，我曾多次参与不同规模的海洋地质调查项目，对海洋地球物理调查的研究兴趣愈发浓厚。

海洋地球物理学研究大致分为采集、处理、解释三大部分。

研究始于海上外业工作，与星辰大海在一起的日子，可谓瞬息万变。海洋就像一位神秘的魔术师，既给我们带来惊奇与欢愉，也让我们感知神秘与恐惧。我们会因为船边的海豚、天边的彩虹心情愉悦，也会因为咆哮的风浪、棘手的难题沮丧不已。从近岸浅海驶向深海大洋,即便有艰难险阻,大家也选择无畏风浪,勇往直前!

　　海上外业工作结束后,我们带着新鲜的数据回到实验室,开始从纷杂的信号中抽丝剥茧,最终让数据尽可能真实地还原地下地质情况,为充分掌握调查区域地质属性提供研究基础。

成为海洋地球物理学家的必要条件

每一个热爱自然的孩子都值得被尊重。我希望这篇文章能在你炙热的内心播撒下探究海洋科学的种子。要成为一名合格的海洋地球物理学家，需要哪些条件呢？

首先，请保持住热爱。有了热爱就有希望。热爱是点燃向兴趣努力的火种，兴趣则是开始一切的原动力。

其次，强健的体魄是与大海"搏斗"的资本。海洋地球物理学始终需要采集优质的野外数据，这需要我们前往第一现场亲自操作，利用高精尖的海洋调查设备，获取真实、精确的海洋地球物理数据，为实验室内的分析、处理以及解释提供研究基础。

第三，海洋地球物理学是一门学科交叉极为丰富的专业。它需要以物理学、海洋学为基础，以测绘学、数学以及计算机编程等相关知识为辅助，才能对海洋地球物理学专业有更深刻的认识。

路虽远，行则将至；事虽难，做则必成。希望年轻的你，怀揣着对海洋地球物理学专业的热爱，憧憬着星辰大海与远方，加入海洋地球物理学专业的大家庭，为祖国海洋强国战略奉献自己的力量！

地球物理学家的科研日常

于常青（中国地质科学院地质研究所）

你知道地球物理资料是什么吗？你知道如何采集地球物理资料吗？地球物理资料的处理为什么既简单又复杂呢？跟着中国地质科学院地质研究所的于常青走进地球物理学家的科研日常，这些问题就会迎刃而解了。

没有调查就没有发言权

许多人认为，地球物理学的探测工作，就是根据地质学家提出的任务及目标，在相关区域直接勘探。其实不然，如果不能对研究区的地质情况有基本认识，不掌握研究区的情况，就无法得到高质量的地球物理勘探成果。

因此，在开展地球物理调查前，我们首先要做的是针对地质任务，结合研究目标，在广泛收集研究区地质与地球物理资料的基础上，对其进行踏勘。这样做的目的有三个：一是确定勘探方法、路线和方案；二是采集研究区的露头标本进行地球物理测试，分析研究区不同岩石的物理性质，为后续的资料处理和综合解释提供依据；三是对研究区的地形地貌及构造特点进行整体认识，这对前期的勘探部署和后期的资料分析解释都十分必要。

因地制宜是保证资料质量的基础

在野外地球物理资料采集过程中，必须因地制宜，结合实际地表与地质情况，确定勘探方法和路线。为保证勘探效果，在重要的地质点（段），例如断层、岩性变化段等，我们还会适当加密采集点来保证资料质量。

此外，在资料采集过程中，必须严格按照技术规范，细致认真地开展资料采集工作。例如：地震采集中，激发点的选择与激发井的深度必须通过多组试验选择效果最好的，检波器的埋置必须符合平、稳、正、直、紧等要求，才可获得理想的采集数据；电法及重力等勘探方法也必须选择地表条件合适、干扰少的地方进行。

当然，资料采集前后对采集仪器进行各种测试是必不可少的，这是保障采集质量的关键。

既简单又复杂的资料处理过程

地球物理资料的处理可以用既简单又复杂来形容，如何保障资料的可靠性，获得原汁原味的资料是关键。

说简单，是因为资料只需按处理流程，利用相关软件即可得到处理结果。说复杂，是因为处理人员必须具有相关的地质认识，处理中必须遵循地质规律，分清有效信号和干扰信号，合理选择并利用处理软件。

软件的合理利用非常重要，切忌过分依赖处理软件，因为若为处理结果清晰好看而过度处理，可能会对有效信号造成很大伤害。所以，我们会在对资料进行充分分析测试的情况下，选择合理的处理参数。这些对能否保障资料的原汁原味意义重大。

处理过程中，新技术与新方法的运用也非常重要。但是，要针对实际地质情况进行选择，不能盲目求新。例如：在资料品质较差、观测范围较小的地区，叠前深度偏移（地震资料处理新技术）、全波形反演（地震成像新方法）等方法应用效果较差，不宜采用。

综合解释要广征博引

综合分析解释是地球物理成果的最终体现。

对地球物理资料的分析解释，闭门造车是大忌。地球物理探测是一项综合工程，涉及多学科知识，因此在研究过程中，我们会邀请各方专家，广泛听取意见，针对资料情况开展多学科综合分析。同时，也要注意结合地球物理正演模型和岩石物理分析结果，避免盲目性和判断错误。

当然，虽专家云集，但资料解释忌人云亦云。只有根据资料的实际情况和地球物理响应特征进行解释和判断，才能保障资料解释的客观合理。

地球物理学的应用性很强，其研究成果不仅有助于丰富人类对地球的科学认识，而且支撑着众多在国民经济建设中起举足轻重作用的部门或领域。伴随科技的发展，地球物理学的研究领域也在不断拓宽。如果你也想和我们一起，开启地球探索之路，就从现在开始努力吧！